NGUYA NA NZAMBE

Longwa na ebandeli, eyokami naino te ete moto afungoli miso na oyo abotami na miso makufi. Soko moto oyo auti na Nzambe te, akoki kosala eloko te. (Yoane 9 :32-33)

NGUYA NA NZAMBE

Dr. Jaerock Lee

NGUYA NA NZAMBE Na Dr. Jaerock Lee
Ebimisami na Ba Buku Urim (Etalisami na: Johnny. H. Kim)
253-3, Guro-dong 3, Guro-gu, Seoul, Korea
www.urimbooks.com

Droit D'auteur. Buku oyo to mpe eteni na yango ekoki te kobimisama na lolenge soko nini, to mpe kotiama kati na systeme na komonana ba bato ebele to mpe kopesama na lolenge mecanique, na photocopie, enregistre to mpe soko nini, soki mokomi apesi nzela te.

Makomi isantu nioso mazwami kati na Biblia Esantu iye ibengami, NEW AMERICAN STANDAED BIBLE, °, Copiright © 1960, 1962, 1963, 1968, 1971, 1972, 1973, 1975, 1977, 1995 epai na Fondation Lockman. Isalelami soki nzela epesami.

Droit d'auteur © 2009 na Dr. Jaerock Lee
ISBN: 979-11-263-1186-6 03230
droit d'auteur mpona traduction © 2005 epai na Dr. Esther K. Chung. Ekosalelaka soki nzela epesami.

Ebimisamaki na liboso na Ki Coreen na Buku Urim na 2004

Publication na liboso Septembre 2005
Edition na Mibale Aout 2009

Ebimisami na Dr. Geumsun Vin
Desin na Ndako na Edition na Babuku Urim Imprimer na
Mpona koyeba mingi eleki botala epai na urimboo@hotmail.com

Ekotiseli

Na Kobondelaka na nguya na Nzambe Mokeli mpe Sango Malamu na Yesu Christu, tika ete bato nioso bakutana na misala minene na Molimo Mosantu…

Napesi matondi nioso na Nzambe Tata, oyo Apamboli biso mpona kobimisa kati na mosala moko mateya wuta na Poso Mibale na Bolamuki Speciale masalemaka na sanza na Mai 2003- oyo esalemaka na nse na mama na likambo "Nguya"- esika wapi ebele na matatoli mapesaki nkembo monene epai na Nzambe.

Wuta 1993, kala te sima na anniversaire na zomi na kobanda na lingomba, Nzambe Abanda kokolisa kati na bandimi na Egelesia Manmin Central mpo été ba zua kondima na solosolo mpe bakoma baton a molimo na nzela na Milulu na Poso Mibale na Bolamuki Speciale.

Na nzela na Milulu na Bolamuki na 1999 na mama na likambo "Nzambe Azali Bolingo," Andimela mimekano na mapamboli mpo ete Bandimi na Manmin baya na kososola tina na Sango Malamu na solosolo, bakokisa Mobeko kati na Bolingo, mpe bakokana na Nkolo na biso oyo Atalisa nguya na kokamwisa.

Na ebandeli na nkto na sika na 2000, mpona bato nioso kati na mokili bakutana na nguya na Nzambe Mokeli, Sango Malamu na Yesu Christu, mpe misala na somo na Molimo Mosantu, Nzambe Apambolaki biso ete totalisa na nzela na bitando en direct na nzela na satellite Moogoonghwa mpe na Internet. Na 2003, bato kowuta na ba egelesia penepene na 300 kati na Koree mpe ba mboka zomi na mitano balandaki Milulu na Bolamuki.

Nguya na Nzambe Emeki kotalisa nzela wapi moto oyo akutani na Nzambe mpe azwi nguya na Ye, na bitape kati na nguya. Nguya etombwama na koleka na Kokela oyo ekendaka likolo na esika ekoki kondimama mpona bikelamo oyo tozali, mpe bisika wapi nguya na Ye etalisamaka.

Nguya na Nzambe Mokeli ekitaka likolo na moto na lolenge oyo ye akokani na Nzambe oyo Azali Pole. Lisusu, na tango akomi moko na molimo elongo na Nzambe, akoki kotalisa lolenge na nguya oyo Yesu Atalisaki. Yango ezali mpo ete na Yoane 15:7, Nkolo na biso Alobeli biso ete, "Soko bokoumela kati na Ngai mpe Maloba na Ngai makoumela kati na bino, bolomba likambo nini lilingi bino mpe ekosalamela bino."

Ngai moko nakutana na esengo mpe na sai kati na bonsomi mpona ba mbula sambo na bokono mpe na pasi, mpona kokoma mosali na nguya oyo akokani na Nkolo, nakila mpe nabondela mpona mikolo mpe ba tango na lolenge moko sima na ngai kobengama mosali na Nkolo. Yesu Alobeli biso kati na Malako

9:23 ete, "'Soko Nakoki? Makambo nioso makoki na moto na kondima." Nandimaka mpe mpe nabondelaka mpo ete nakangamaka makasi na bilaka na Yesu ete, "Ye oyo akondimaka Ngai, misala mizali Ngai kosala, akosala yango mpe lokola. Mpe akosala yango ekoleka oyo mpo ete Nazali kokenda epai na Tata" (Yoane 14:12). Lokola lifuti, na kati na Milulu na Bolamuki na mbula mobimba, Nzambe Atalisa biso bilembo mpe bikamwiseli minene mpe apesa biso ebele na ba lobiko mpe biyano. Lisusu, kati na poso na mibale na Milulu na Bolamuki na mbula 2003, Nzambe AAtalisaki na makasi nguya na Ye epai na ba oyo bakufa miso, mpe na bakakatani, ba oyo bayokaka te, mpe na ba oyo balobaka te.

Ata soki mayele na minganaga makoli mpe mapusani na kokola, ekoki mpenza kosalema te mpona bato oyo babungisa komona mpe na koyoka babikisama. Kasi Nzambe na nguya nioso, Atalisaka nguya na Ye ete na tango nakobondela kaka na etumbelo, mosala na nguya na kokela ekoka kozongisa sika misisa mikufaka mpe ba cellules, mpe bato bayaki na komona, koyoka, mpe na koloba. Lisusu, mikuwa na mikongo oyo engumbama ezongaki malamu, mppe mikuwa oyo mikangemaka na esika moko, mizongaki malamu, nde wana bato bakokaki kobwaka ba nzete na bango, ba bequille na bango mpe ba kiti na bango na bakakatani, mpe batelema, banguluma, mpe batambola.

Misala na bikamwa na Nzambe mpe elekelaka tango mpe esika. Bato oyo balandaka mayangani na Bolamuki na nzela na Satelite mpe na Internet, bango mpe bakutanaka na nguya na

Nzambe, mpe matatoli na bango makopesamaka ata kino lelo.

Yango tina mateya wuta na Milulu na Bolamuki na mbula 2003- esika wapi ebele na bato babotamaki sika na Liloba na solo, bazwaki bomoi na sika, lobiko, biyano, mpe lobiko, bakutanaki na nguya na Nzambe, mpe bapesaki Ye nkembo monene- mibimisama na mosala moko.

Napesi matondi monene na Geumsun Vin, Mokambi na Ndako na Edition mpe ba oyo basalaka na ye elongo, mpe ndako na traduction mpona mosala na bango makasi mpe kopesama.

Tika ete moko na moko kati na bino akutana na nguya na Nzambe Mokeli, Sango Malamu na Yesu Christu, mpe misala na moto na Molimo Mosantu, mpe tika ete esengo mpe sai ifuluka kati na bomoi na bino- na nioso oyo Nabondeli na nkombo na Nkolo na biso!

Jaerock Lee

Ekotiseli

Eloko oyo esengeli na moto kotanga yango ekopesaka kondima na solo mpe komema moto na komona nguya na kokamwisa na Nzambe

Napesi matondi nioso mpe nkembo na Nzambe, oyo Amemi bison a kobimisa kati na mosala moko mateya kowuta na Milulu Speciale na zomi na moko na Bolamuki na poso mibale elongo na Dr. Jaerock Lee' na sanza na mai 2003, yango esalamaki kati na nguya monene mpe na nkamwa na Nzambe.

Nguya na Nzambe ekomema bino kati na kopela mpe na nguya makasi, mpo ete ebombi mateya libwa ewuta na Milulu na Bolamuki maye masalemaka na mama na likambo na "Nguya," lolenge moko na matatoli na ebele na bato ba oyo bakutanaki mpenza na nguya na Nzambe na bomoi mpe Sango Malamu na Yesu Christu.

Na mateya liboso, "Kondimela Nzambe," identité na Nzambe, nini ezali kondimela Ye, mpe nzala nini tokoki kokutana mpe komona Ye malimbolamui.

Na Mateya na Mibale, "Kondimela Nkolo," Tina na koya na Yesu na mokili, mpona nini kaka Yesu Azali Mobikisi na biso, mpe pona nini tozali kozwa lobiko mpe biyano na tango tondimeli Nkolo Yesu, malobami.

Mateya ma misato, "Eluku na kitoko mingi koleka libanga na talo," elimboli na nini yango ezwaka mpona kokoma eluku na motuya, kitoko, mpe na talon a miso na Nzambe, lolenge moko na mapamboli mabimaka na eluku na lolenge yango.

Mateya na mineyi, "Pole," elimboli pole na molimo, nini tosengeli kosala mpona kokutana na Nzambe oyo Azali pole, mpe mapamboli tokozwa na tango totamboli kati na pole.

Mateya na mitano, "Nguya na Pole," ezindi kati na bitape minei mikesana katina nguya na Nzambe oyo etalisamaka epai na bikelamo bato, na nzela na ebele na ba langilangi na pole, mpe na ba matatoli na bomoi na solo na ebele na ba lobiko maye matalisama na etepa moko na moko. Lisusu, na kotalisa nguya na kokela iye etombwama likolo koleka, nguya na Nzambe oyo ezanga suka mpe lolenge kani tokoki kozwa nguya na pole milimbolami na mozindo.

Kolandana na lolenge eye moto abotami na komona soko te azwi komona na tango akutani na Yesu mpe matatoli na bato ebele ba oyo bazwi komona mpe babikisami na komona malamu te, yango Mateya na Motoba, "Miso na Bamonaka te Mikofungwama," ekosunga bino na kokosola mpenza nguya na Nzambe Mokeli.

Na Mateya na Sambo, "Bato bakotelema, Bakonguluma, mpe Bakotambola," lisolo na mokakatani oyo ayaki liboso na Yesu na lisungi na baninga ba ye, atelemaki, mpe atambolaki, elandelami malamu. Lisusu, Mateya mpe etie pole epai na batangi na lolenge na misala na kondima basengeli kotalisa liboso na Nzambe mpona bango kokutana na nguya eye lelo.

Mateya na Mwambe, "Bato bakosepela, Bakobina, mpe Bakonzemba," ezindi kati na lisolo nan a moto oyo ayokaka soko alobaka te, ye wana azwaki lobiko na tango ayaki liboso na Yesu, mpe elakasi lolenge nini tokoki kokutana na nguya na lolenge wana ata lelo.

Na suka, na Mateya na Libwa, "Mokano na Nzambe oyo Ekosaka te," esakoli likolo na mikolo na suka mpe mokano na Nzambe mpona Egelesia Centrale Manmin-Nioso mibali mitalisamaki na Nzambe Ye moko wuta ebandeli na Manmin likolo na ba mbula tuku na mibale eleka- milimbolami na mobimba.

Na nzela na mosala oyo, ebele na bato bayei kozwa bondimi na solo solo, tango nioso kokutana na nguya na Nzambe Mokeli, mpe basalelama lokola biluku na Molimo Mosantu mpe bakokisa mokano na Ye, na nkombo na Nkolo na biso Yesu Christu nabondeli!

Geumsun Vin
Mokambi na Ndako na ba Edition

Kati

Liteya 1

Kondimela Nzambe (Baebele 11:3) · 1

Liteya 2

Kondimela Nkolo (Baebele 12:1-2) · 25

Liteya 3

Eluku na kitoko koleka libanga na talo
(2 Timote 2:20-21) · 47

Liteya 4

Pole (1 Yoane 1:5) · 67

Liteya 5

Nguya na Pole (1 Yoane 1:5) · 85

Liteya 6

Miso na ba oyo Bamonaka te Mikofungwama

(Yoane 9:32-33) · 117

Liteya 7

Bato bakotelema mpe bakonguluma, mpe bakotambola

(Malako 2:3-12) · 135

Liteya 8

Bato bakosepela, Bakobina, mpe Bakonzemba

(Malako 7:31-37) · 157

Liteya 9

Mokano na Nzambe oyo ekosaka te

(Dutelonome 26:16-19) · 179

Liteya 1
Kondimela Nzambe

Baebele 11:3

*Mpona kondima,
tososoli ete mokili ezalisamaki na Liloba na Nzambe,
bongo biloko bikotalaka biso bibimaki
na biloko bikomonana te*

Wuta Bokutani wa yambo na ba Poso Mibale Speciale mpona Bolamuki Iye Isalemaka na Mai 1993, ebele na bato bakutana na komata na nguya makasi mpe mosala na Nzambe, esika wapi bokono oyo ekokaki kobokisama ten a mayele na minganga na lelo mibikisamaki mpe mikakatano miye mikokaki kosilisama na mayele te misilisamaki. Wuta ba mbula zomi na sambo maleka, lolenge tomoni kati na Malako 16:20, Nzambe Akokisa Liloba na Ye na bilembo miye milandisamaki na yango.

Na nzela na mateya na mozindo na kondima monene, bosembo, nzoto mpe molimo, malamu mpe pole, bolingo, mpe bongo na bongo, Nzambe Amema ebele na bandimi na Manmin kati na mozindo na mokili nna molimo. Lisusu, na nzela na Milulu moko na moko mpona Bolamuki, Nzambe Amema Biso na komona nguya na Ye na solosolo mpo ete ekoma Milulu na Sango mpona Bolamuki kati na Mokili Mobimba.

Yesu Alobeli biso kati na Malako 9:23, "'Soki Okoki?' Nioso ekoki na ye oyo andimi." Na yango, soki tozali na kondima na solo, eloko moko te ekozanga na kokokisama mpona biso mpe tokozwa nioso oyo tokolukaka.

Eloko nini bongo tosengeli na kondima, mpe, lolenge kani

tosengeli na kondimela yango? Soki toyebi soko moke te mpe tondimeli Nzambe lolenge elongobani, tokokoka ten a komona nguya na Ye mpe yango ekozala pasi mpona biso tozwa biyano kowuta epai na Ye. Yango tina kososola malamu mpe kondimela lolenge esengeli ezali na motuya koleka.

Nzambe Azali Nani?

Yambo, Nzambe Azali nkolo na ba buku ntuku motoba na motoba kati na Biblia. 2 Timote 3:16 esosolisi biso ete "Makomi nioso mapemami na Molimo na Nzambe." Biblia ezali na ba buku ntuku motoba na motoba mpe elobami été ezali na bato likolo na 38, ba oyo bakoma yango kati na eteni na b ambula 1600. Ata bongo, likambo na kamua kati na buku moko na moko ezali été, mosika na likambo eye ekomama na bato ebele kati na mikama n b ambula, kobanda ebandeli na yango kino suka ezali na kokokana moko na moninga. Na maloba mosusu, Biblia ezali Liloba na Nzambe oyo ekomama na lisungi na Molimo Mosantu na bato ebele oyo Ye Amonaki été bakoki kati na ebele na bikeke maleka, mpe na nzela na yango Azali komitalisa Ye mpenza.

Elandi, Nzambe Azali Nazali oyo AZALI" (Esode 3:14). Na bokeseni na bikeko bisalema na makanisi na bato mpe masalema na maboko na bango, Nzambe na biso Azali Nzambe na Solo oyo Azala liboso na seko na seko. Lisusu, tokoki kolimbola Nzambe lokola bolingo (1 Yoane 4:16), pole (1 Yoane 1:5). Mpe mosambisi na makambo nioso na suka na tango.

Kasi, likolo na nioso, tosengeli kokanga ete Nzambe, na nguya na Ye na nkamwa, Akela biloko nioso kati na ba likolo mpe na mokili. Azali Ye na nguya nioso oyo Atalisa nguya na Ye na nkamwa kobanda na tango na kokela kino lelo.

Mokeli na Biloko Nioso

Na Genese 1:1, Tokoki komona ete "Na ebandeli Nzambe Akela ba likolo mpe mokili." Baebele 11:3 elobeli biso ete "Mpona kondima, tososoli ete mokili ezalisamaki na Liloba na Nzambe, bongo biloko bikotalaka biso bibimaki na biloko bikomonana te."

Na tango oyo eloko moko ezalaki ten a ebandeli na tango, na nguya na Nzambe nde biloko nioso bikelamaki na kati na univer. Na nguya na Ye, Nzambe Akelaka Moi mpe sanza kati na likolo, ba matiti mpe ba nzete, bandeke mpe ba nyama, ba mbisi kati na mai, mpe mmoto.

Ata na likambo oyo, ebele na bato bakoki te na kondima ete Nzambe Azali Mokeli mpo ete likambo na kokela ekokani soko ten a boyebi to makambo bango bazwa mpe bakutana na yango kati na mokili oyo. Ndakisa, kati na makanisi na bato oyo, ekoki soko te mpona biloko nioso kati na univer mikelama na tango Nzambe Apesaki motindo na tango eloko moko te ezalaki.

Yango tina mateyo na evolution ebandisama. Ba oyo bandimela mateyo oyo na evolution bakobetaka tembe ete eloko na bomoi ebanda na mbalakata, ekola na yango moko, mpe ekoma ebele. Soki bato bakoboya kokela na Nzambe na univer na makambo na lolenge oyo, bakokoka te kondimela eteni etikala kati na Biblia. Bakokoka te kondimela eteni etikali kati na Biblia. Bakoka te kondima mateya likolo na Lola mpe Lifelo mpo ete batikala kozala kuna te, mpe na litatoli na Muana na Nzambe oyo Abotama moto, Akufa, Asekwa, mpe Anetwama na Lola.

Kasi, tomoni yango na lolenge mayele ezali kokola, lokuta na evolutiom mpe etalisami na mpwasa na tango bosolo na kokela ekobi na kozwa esika. Ata soki tozali kotalisa ebele na biloko na baton a mayele te, eza;I na ebele koleka na ba ndakisa mizali kotatola likolo na kokela.

Bilembo na wapi Tokoki Kondimela Nzambe Mokeli

Awa ezali na ndakisa moko. Ezali na ba mboka koleka mikama mibale mpe lisusu ebele na bikolo na bato koleka. Ata bongo, bazala mindele to mpe baindo, to na langi na lilala etela, moko na moko na bango azali na miso mibale. Moko na moko na bango azali na matoyi mibale. Zolo moko, mpe mbuma zolo mibale. Makambo oyo matalisami kaka epai na bato te kasi ata na banyama na mabele, bandeke, mpe ba mbisi kati na mai monana. Kaka mpo ete zolo na nzoko ezali monene mpe molai, yango elakisi te ete azali na madusu na zolo eleki mibale. Moko na moko na bato, ba nyama, ban deke, mpe mbisi bazali na monoko moko, mpe esika wapi monoko ezalaka ezali lolenge moko. Ezali na ba bokeseni moke moke na lolenge na kozala na moko na moko, kasi lolenge na biloko mpe bisika mitiama mikoki kokesana mpenza te.

Lolenge nini makambo nioso oyo makokaki kosalema "na libaku malamu"? Oyo ezali elembo makasi ete Mokeli moko Asala mpe Akela bato ebele, ba nyama, ban deke, mpe ba mbisi. Soki Bakeli bazalaka ebele, lolenge mpe ba nzoto na biloko na bomoi makokaki kokesana kolandana na ebele na bakeli. Kasi, mpo ete Nzambe na biso Azali Ye moko Mokeli, biloko nioso na bomoi misalemaki kolandana na lolenge moko. Lisusu, tokoki komona ebele na bilembo kati na mokili mpe na likolo, nioso wana ezali komema bison a kondimela Nzambe oyo Akela biloko nioso. Lolenge Baloma 1:20 elobeli biso ete, "Mpo ete longwa nan tango wana ezalisaki Ye mokili, makambo na Ye mazangi komonana, yango nguya na Ye na seko mpe bo Nzambe na Ye, Asili koyebisa yango polele epai makanisi na bato kati na misala na Ye, bongo bazalii na mokalo te," Nzambe Abongisa mpe Asala biloko nioso mpo ete solo na kozala na Ye ekoki kowanganama te to koboyama.

Kati na Habakuku 2:18-19, Nzambe Alobeli biso ete, "Ekeko ezali na litomba nini wana mosali na yango abongisi yango, elilingi na ebende, molakisi na nkuta? Mpo ete mosali ataleli mosala na ye moko wana esali ye bikeki bimimi. Mawa epai epai na ye oyo alobi na eloko na nzete ete, Lamuka! Oyo ekolakisa nde? Tala epakolami na wolo mpe na palata mpe mpema ezali na kati na yango te." Soki moko kati na bino asalela to mpe andimela bikeko na kozanga koyeba Nzambe, bosengeli kotubela mpenza masumu na bino na kopasola mitema na bino.

Bilembo makasi kati na Biblia na wapi Tokoki mpenza Kondimela Nzambe Mokeli

Ezali naino na bato ebele ba oyo bakoki te kondimela Nzambe ata soki ebele na bilembo mizali zingazinga na bango. Yango tina, na kotalissa nguya na Ye Nzambe Atalisi biso bilembo na komonana mpe miye mikoki te kobetama na tembe mpona Bozali naYe. Na kotalisa bikamwa miye mikoki kosalema na moto te, Nzambe Andimeli bato ete bandima bozali na Ye mpe misala ma Ye na kokamwisa.

Kati na Biblia ezali na ebele namakambo na kokamwisa esika wapi nguya na Nzambe etalisama. Mai monana Motane ekabolama, moi etelema kaka esika moko to mpe ezonga sima, mpe moto na likolo ekita na mokili. Mai na bololo kati na lisobe embongwana na mai malamu, mai kati na libanga ebima mpona komelama. Bakufi basekwa, bokono esila, mpe na lolenge moko bitumba bilongoma.

Na ttango bato bandimmeli Nzambe na nguya nioso mpe basengi Ye, bakoki kokutana na misala na nkamwa kati na nguya na Ye. Yango tina Nzambe akomisaki kati na Biblia makambo mingi esika nguya na Ye etalisamaki mpe epambolaki biso mpona kondima.

Ata bongo, misala na nguya na Ye ezali kaka kati na Biblia yango moko te. Mpo ete Nzambe Ambongwanaka te, na nzela na ebele na bilembo, bikamwa, mpe misala na nguya na Ye, Azali komonisa nguya na Ye na nzela na bandimi na solo na mokili mobimba o lelo; Alakaki biso bongo. Kati na Malako 9:23, Yesu Apesi biso elikia na sika ete, "Soki okoki? Nioso ekoki na ye oyo andimi.Na Malako 16:17-18, Nkolo na biso Azongisi biso na bongo ete, ""Bilembo oyo ikozala na bango bakondima: bakobimisa milimo mabe na nkombo na Ngai, bakoloba na minoko na sika, bakolokota ba nyoka, soko bakomela eloko na kufa ekoyokisa bango pasi te, bakotia maboko na bato na malali mpe bakobika."

Nguya na Nzambe etalisami kati na Egelesia Central Manmin

Egelesia esika wapi nazali kotambwisa lokola Pasteur wa yambo, Egelesia Manmin Centrale, etalisa misala na nguya na Nzambe Mokeli na ba mbala na mbala, lolenge ezala koyika mpiko na kopanza Sango Malamu kino suka na mokili. Wuta ebandeli na mbula 1982 kino lelo, Manmin emema ebele na bato na nzela na lobiko na nguya na Nzambe Mokeli. Elembo makasi na nguya na Ye ezali lobiko na ba bokono mpe makakatani. Bato ebele na ba bokono mikokaki kobika te lokola cancer,

Boni matondi
nazalaki na yango na tango
Obikisaki bomoi na ngai...
Nakanisaki ete nakotia elikya
Na ba bequilles na ngai bomoi
Na ngai mobimba.

Sik'awa, Nakoki kotambola
Tata, Tata Nzambe...

tuberculose, paralisie, likama na bongo, hernie, atrite, leukemia, mpe bongo na bongo babikisama. Milimo mabe mibimisama, batambolaka te batelema mpe babanda kotambola mpe na kopota bangu, mpe ba oyo bazala na paralisie na ba accident na lolenge na lolenge bakoma malamu. Lisusu, mbala moko sima na kozwa libondeli, bato oyo banyokwama na kozika makasi babikisama, na elembo moko te na kozika kotikala na bango. Ba nzoto na bato misusu mikomaka makasi mpe ba wana basi bobungisaki bososoli likolo na kotanga makila kati na ba bongo to mpe mpona poison na gas bazongelaki bomoi mpe bazongaki malamu na mbala moko. Kasi ata bongo, basusu, ba oyo batikaka kopema bazongelaki bomoi sima na koyamba libondeli na ngai.

Ebele na basusu, ba oyo bakokaki kozala na ban ate sima na ba mbula, mitano, sambo, zomi, ata ntuku mibale nsima na kobala, bazwaki mapamboli na kozwa zemi sima na koyamba libondeli. Ebele na bato ba oyo bakokaki soko te koyoka, komona, mpe koloba bapesaki Nzambe nkembo monene sima na kozongela makabo mana na libondeli.

Ata soki mayele mpe bonganga mikoli makasi mbula na mbula, mikama na ba mbula sima na mosusu, misisa mikufa mikokaki te kobikisama mpe bokufi miso na mbotama to bozangi koyoka mikokaki te kobika. Kasi, Nzambe na nguya

*Nazali kolikya kokende na ngambo nay o
Tata, kasi nini ekosalemela na balingami
tango nakokende?
Nkolo, soki Opesi ngai bomoi na sika
Nakobonzela Yo yango...*

Mpaka Moonki Kim, oyo akweyaka na mbala moko na apoplexie celebrale, azongelaki makanisi mpe atelemaki sima na libondeli na Dr. Jaerock Lee nioso Akoki kosala eleko nioso, lolenge Akela eloko esika eloko ezalaki te.

Nakutana na nguya na Nzambe na nguya nioso ngai moko. Nazala na modelo na suka na kufa mpona ba mbula sambo liboso na ngai naya na kondimela Ye. Nazalaki kobela na eteni nioso na nzoto na ngai, kolongola kaka miso ma ngai mibale, yango napesamaki kombo na "ndako monene na ba malali." Na pamba nameka bokoko na biso to mpe na mindele, kisi mpona baton a maba, matiti na lolenge nioso, mapumbu na ngombolo mpe na imbwa, mille pate, mpe ata main a nyei. Nasala makasi nioso na kati na mbula mana sambo na bolozi, kasi nakokaki kobikisama te. Na tango nazalaka na bosuki makasi na ebandeli na tango na molunge na 1974, nakutana na likambo na nkamwa. Na tango nakutanaki na Nzambe Abikisaki ngai na ba bokono na ngai nioso mpe na makakatani. Kobanda wana, Nzambe Abatela ngai tango nioso ete natikala lisusu kobela te. Ata soki nayoka malamu te na eteni moko na nzoto na ngai, sima na libondeli na kondima nabikisamaki mbala moko.

Libanda na ngai elongo na libota na ngai, nayebi ete ebele na bandimi na Manmin bandimelaka mpenza na Nzambe na nguya nioso, nde bongo, bazalaka tango nioso na nzoto makasi mpe batiaka elikya na kisi moko te. Mpo na kopesa matondi na mawa na Nzambe Mobikisi, ebele na bato ba oyo bakoma malamu sik'oyo na kosalelaka egelesia malamu lokola basali na Nzambe kati na sembo, Ba mpaka, ba diacres mpe ba diaconesse, mpe basali kati na lingomba.

Nguya na Nzambe esuka kaka na kobikisa na ba bokono to mpe na bokakatani te. Wuta ebandeli na egelesia na 1982, ebele na bandimi na Manmin bakuyana na ebele na makambo esika wapi mabondeli na kondima na nguya na Nzambe ekonzaki tango mpe ekataki ba mbula makasi, ezipaki bandimi na Manmin na mapata minene na mikolo na ba moi makasi mingi, mpe emema ba typhon na kokufa to mpe mizwa nzela mosusu. Ndakisa, na juillet mpe aout nioso ba egelesia na biso nioso ekutanaka na retreat na tango na moi makasi (Ete). Ata soki bato nioso kati na mboka Coree na Ngele baniokwamaka na makama oyo ba typhon mimemaka to ba mbonge makasi, kasi esika wapi retrete wana esalemaka etikalaka kaka lolenge ezalaka liboso na ba mbula makasi mpe na ba makama misusu na mokili. Ebele na bandimi na Manmin mpe bamonaka minama na momesano, ata na mikolo wapi mbula enokaki te.

Ezali kutu na ebele na makambo mpona kotalisa nguya na Nzambe. Misala na nguya na Ye mitalisamaka ata soki nabondeli ngai moko mpona baton a malali te. Ebele na bato bakumisa makasi Nzambe sima na kozwa lobiko mpe mapamboli na nzela na « Libondeli mpona babeli » mpona lingomba mobimba wuta na etumbelo, mpe "Libondeli" oyo etiami na casete, kati na internet, mpe na repondeur na telephone.

Lisusu, kati na Misala 19:11-12 tomoni ete, "Nzambe mpe Asali misala na nguya na maboko na Paulo na motindo ekosalemaka te; bongo bamemelaki babeli masume mpe matambala matiamaki na nzoto na Paulo, mpe babiki na malali na bango, mpe milimo mabe mibimi mpe lokola." Na lolenge oyo, na nzela na misuale oyo ngai na bondelaki, misala na nguya na Nzambe na nkamwa mizali kotalisama.

Lisusu, na tango nazali komamola maboko na ngai na photo na baton a malali, ba lobiko miye milekelaka yango mpe esika mizali kosalema na mokili mobimba. Yango tina, na tango nazali kokamba champagne na mikili na bapaya, bikono mpe makakatani na lolenge nioso, ata SIDA oyo ikobomaka, mizali kobikisama na ngonga moko na nguya na Nzambe eye elekelaka esika mpe tango.

Mpona Komona Nguya na Nzambe

Bongo oyo elingi kolakisa ete moto nioso oyo andimali Nzambe akoki komona misala na nguya na Ye na nkamwa mpe azwa mapamboli? Ebele na bato balobelaka kondima na bango na Nzambe, kasi bango nioso ten de bamonaka nguya. Okoki komona nguya na Ye kaka soki kondima nay o epai na Nzambe etalisami na misala mpe Andimi ete, "Nayebi ete yo ondimelaka Ngai."

Nzambe Akondimela eloko moke lokola moto ayokaka mateya na moto moko mpe ayaka kati na mayangani lokola "kondima." Kasi mpona kozwa kondima na solosolo na oyo bokoki kozwa lobiko mpe biyano, bosengeli koyoka mpe koyeba likolo nani Nzambe Azali, likolo na mpona nini Yesu Azali Mobikisi na biso, mpe mpona kozala na Lola mpe Lifelo. Na tango ososoli makambo mana, otubeli na masumu ma yo, ondimeli Yesu lokola Mobikisi na yo, mpe oyambi Molimo Mosantu, okozwa makoki na muana na Nzambe. Yango ezali etape na liboso mpona kondima na solosolo.

Bato oyo bazali na kondima na solosolo bakotalisa misala maye matatoli kondima na lolenge oyo. Nzambe Akomona misala na bango na kondima mpe Akoyanola na bosenga na motema na bango. Ba oyo bakutanaka na mosala na nguya na Ye balakisaka bilembo na kondima epai na Ye mpe bandimama na Nzambe.

Kosepelisa Nzambe na Misala na Kondima

Awa ezali na moke na bandakisa kati na Biblia. Yambo, na 2 Mikonzi 5 ezali na lisolo na Namana, mokonzi na mapinga na mokonzi na Arama. Namana akutanaka na misala na nguya na Nzambe na sima na kolakisa misala na kondima na ye na kotosaka Mosakoli Elisa, oyo Nzambe Alobelaki.

Namana azalaka generale na oyo akenda sango kati na mapinga na bokonzi na Arama. Na tango azalaki na malali na mbala Namana akendaki kotala Elisa, na oyo elobamaki mpona ye ete asalaka bikamwa. Kasi, na tango mokonzi monene boye mpe na lokumu akendaki epai na Elisa na ebele na wolo, palata, mpe bilamba, mosakoli atindelaki ye kaka motindami, mpe alobelaki ye ete, "Kenda kosukola na Yaladene mbala sambo" (v.10).

Na ebandeli Namana azwaki nkanda mpo ete ayambamaki malamu te epai na mosakoli. Lisusu, esika na Elisa kobondela mpona ye, elobamelaki Namana ete akenda kosukolana ebale na Yaladene. Kasi, na kala te Namana abongolaki makanisi ma ye mpe ye atosaki. Ata soki maloba na Elisa mazalaki eye ye alingaki te mpe yango ekokanaki na makanisi ma ye te, Namana azwaki mbela ata na komeka na kotosa mosakoli na Nzambe.

Na tango Namana asokolaka mbala motoba kati na ebale na Yaladene, eloko moko ten a komonana etalisamaki kati na mbala na ye. Kasi, na tango Namana asokolaki kati na Yaladene na mbala sambo, poso na nzoto na ye ezongaki mpe ekomaki peto lokola oyo na muana mobali moke (v.14).

Na molimo mai elakisi Liloba na Nzambe. Mpona Namana asukolo mbala sambo kati na ebale na Yaladene elakisi ete na Liloba na Ye, Namana apetolami na masumu ma ye. Lisusu, chiffre 7 elakisi kokokisama; likambo ete Namana amizindisaki mbala sambo kati na Ebale etalisi ete Generale azwaki bolimbisi na kokoka.

Na lolenge moko, soki tokolinga kozwa biyano na Nzambe, tosengeli naino totubela na mobimba na masumu na biso nioso, lolenge esalaki Namana. Bongo, tubela esuki kaka ten a esika na koloba ete, "Natubeli, nasali mabe." Osengeli kopasola motema nay o (Yoele 2:130. Lisusu, na tango otubeli mpenza mpenza na masumu nay o, esengeli kozwa ekateli na kobandela lisusu yango te. Kaka wana nde efelo na lisumu kati nay o na Nzambe ekokweya, esengo ekopunja kati na to, mpo ete likambo nay o esili, mpe okozwa biyano na bosenga na motema na yo.

Ya mibale, kati na 1 Mikonzi 3 tomoni Mokonzi Salomo kotumba mbeka na kotumba nkoto moko epai na Nzambe. Na nzela na ba mbeka oyo, Salomo alakisaki misala na kondima na ye mpona kozwa biyano na Nzambe, mpe lokola libonza azwaki kaka eye esengaki ye te, mpe lisusu oyo ye asengaki te.

Mpona Salomo kobonza mbeka nkto moko na kotumba, esengaki komipesa makasi. Mpona mbeka moko na moko, mokonzi asengelaki na kokanga nyama moko na moko mpe kosasa yango. Bongo bokoki kobanza boni na tango, makasi, mpe misolo esengelaki kozua mpona kobonza nyama moko na moko mbala nkoto? Komikaba oyo mokonzi Solomo alakisaki ekokaki kosalema te soki mokonzi andimelaki na Nzambe na bomoi te..

Na tango Amonaki libonza na Salomo, Nzambe Apesaki ye kaka bwanya te, oyo mokonzi alukaka na ebandeli, kasi mpe lisusu bozwi na lokumu- nde yango wana na bomoi na ye azalaki na mokonzi moko te oyo akokanaki na ye.

Ya suka, kati na Matai 15 ezali na lisolo na mwasi na Sulia Phenicia oyo mwana na ye na mwasi azalaki na molimo mabe. Ayaki liboso na Yesu na motema na komikitisa mpe na motema mokombongwanaka te, asengaki lobiko epai na Yesu, mpe na suka azwaki bosenga na motema na ye. Kasi, na ebandeli mpenza na mwasi oyo, Yesu Atikalaki koyanola ye te ete, "Malamu, mwana na yo na mwasi abikisami." Kutu, Alobaki na mwasi ete, "Ezali malamu te kokamata bilei na bana na bato mpe kopesa yango na bana na imbua" (26 Amonaki muasi lolenge na mbwa. Soki mwasi azalaki na kondima moko te, akokaki soko koyoka mabe mingi mpenza, to mpe atomboka mingi na koleka. Kasi, mwasi oyo azalaki na kondima oyo ekokaki na eyano na Yesu, mpe alembaki soko kozanga elikya te. Kutu, akangamaki na Yesu na komikitisa eleki. 'Iyo Nkolo mwasi ayanolaki, "Kasi ata ba mbwa bakoliaka mpumbu oyo ekokweyaka longwa na mesa na nkolo na bango." Na oyo, Yesu Azwaki sai na koleka mpona kondima na mwasi oyo mpe na mbala moko Abikisaki mwana na ye na molimo mabe.

Lolenge moko, soki tolingi kozwa lobiko mpe biyano, tosengeli kotalisa kondima na biso kino suka. Lisusu, soki bozali na kondima na oyo bokoki kozwa biyano, bosengeli komitalisa na nzoto liboso na Nzambe.

Ya solo, mpo ete nguya na Nzambe etalisamaka makasi na Egelesia Manmin Central, ekoki kosalema ete tozwa lobiko na musuale oyo na bondelaki to na photo. Kasi, soki oyo abikisami azali na likama makasi to mpe na mikili na bapaya, moyo ye moko asengeli koya liboso na Nzambe. Moto akoki komona nguya na Nzambe kaka sima na ye koyoka liloba na Ye mpe kokoma na kondima. Lisusu, soki moto azali na likama na bongo to mpe akangemi na milimo mabe nde bongo akoki koya liboso na Nzambe na kondima na ye moko te, nde wana lokola muasi na Sulia phenicia, baboti to mpe bandeko na libota na ye basengeli koya liboso na Nzambe mpona tina na ye na bolingo mpe kondima.

Likolo na wana, ezali na bilembo mingi koleka na kondima. Ndakisa, na miso na moto oyo azali na kondima na oyo akoki kozwa biyano, esengo mpe kopesa matondi ezalaka tango nioso komonana. Na Malako 11:24, Yesu Alobeli biso ete, "Bongo nazali kolobela bino solo ete, biloko nioso ezali bino kobondela to mpe kolomba, bondima ete bosili kozua yango mpe ikozala na bino." Soki bozali na kondima na solo, bokoki kaka kozala na sai mpe na kopesa matondi na tango nioso. Lisusu, soki bokotatola ete bondimela Nzambe, bokotosa mpe bokobika kolandana na Liloba na Ye. Mpo ete Nzambe Azali pole, bakobunda mpona kotambola kati na pole mpe bo mbongwana.

Nzambe Asepelaka na misala na bison a kondima mpe Ayanolaka bosenga na mitema na biso. Bozali na lolenge na kondima mpe etape kati na kondima oyo Nzambe Andimaka? Kati na Baebele 11:6 tososolisami ete, "Soki na kondima te, ekoki kosepelisa Nzambe te. Mpo ete ekoki na babelemi na Nzambe kondima ete Azali mpe ete Akozongisa libonza na ba oyo bakolukaka ye."

Na kososola malamu nini ezali kondimela Nzambempe na kotalisa kondima na bino, tika ete moko na moko na bino asepelisa Ye, akutana na nguya na Ye, mpe abika bomoi epanbolama, na nkombo na Nkolo Yesu Christu Nabondeli!

Liteya 2
Kondimela Nkolo

Baebele 12:1-2

Na bongo mpo na biso,
awa izingelami biso na lipata monene
boye na batatoli, tolongola bopekiseli
nioso mpe masumu
mazali kokanga biso tokima na etingia
na emekaneli na mbango etiami liboso na biso,
awa ezali biso kotala Yesu,
Ye mobandisi mpe mosukisi na kondima.
Mpona esengo etiami liboso na Ye,
Ayikeli ekulusu mpiko,
Atioli nsoni na yango mpe
Azali kofanda na loboko na
mobali na kiti na bokonzi na Nzambe

Bato mingi na lelo bayoka nkombo na "Yesu Christu." Kasi na kokamwa, ebele na bato bayebi te mpona nini tozwaka lobiko kaka soki tondimeli Yesu Christu. Mabe koleka, ezali na ba Christu misusu, ba oyo bakoki te koyanola motuna na likolo, ata soki etali mpenza lobiko na bato. Yango elakisi ete Bakristu wana bazali kobika bomoi na bango kati na Christu na kososola malamu te ntina na molimo na mituna eye.

Na bongo, kaka na tango oyo toyebi malamu mpe tososoli pona nini Yesu Azali Mobikisi na biso kaka moko mpe nini ezali kondima mpe kondimela Ye, mpo kozwa kondima na solosolo, nde tokoki kokutana na nguya na Nzambe.

Bato misusu bamonaka Yesu lokola moko na basantu minei na minene. Basusu bakaniselaka Ye ete lokola mobandisi na Bokristu, to mpe moto moko na monene oyo Asa;aka misala malamu mingi na bomoi na Ye.

Kasi, ba oyo kati na biso oyo bakomi bana na Nzambe tosengeli kokoka na kotatola ete Yesu Azali Mobikisi na bato yYe oyo asikola bato nioso na masumu na bango. Lolenge nini tokoki kopima Muana se moko na Nzambe, Yesu Christu, na bato, bikelamo na mpamba? Ata na ekeke na Yesu, tomoni ezali na ebele na ba lolenge wapi bato bakaniselaki Ye.

Muana na Nzambe Mokeli, Mobikisi

Na Matai 16 ezali na likambo wapi Yesu Atunaki bayekoli ba Ye, "Bato bazali koloba ete Muana na Moto Azali nani? (et. 13) na kolanda biyano na bato ebele, bayekoli bayanolaki ete, "Bango balobi ete, bamosusu ete, Yoane Mobatisi, bamosusu ete Eliya, bamosusu ete Yilimia, soko moko na basakoli."(et 14). Mpe Yesu Atunaki bayekoli ba ye ete, "Nde bino bokolobaka ete Ngai Nazali nani?" (v. 15) Tango Petelo Ayanoli ete, "Yo Ozali Christu, Mwana na Nzambe na Bomoi" (v.16) Yesu Akumisaki ye ete, "Esengo nay o, Simona mwana na Yona, pamba te, mosuni mpe makila emonisi na yo yango te kasi Tata na Ngai na likolo" (v.17). Na nzela na ebele na misala na nguya na Nzambe oyo etalisaki Yesu, Petelo andimaki ete Azali muana na Nzambe Mokeli mpe Christu, Mobikisi na bato.

Na ebandeli Nzambe Akelaki moto wuta na mputulu na mabele na elilingi na Ye moko, mpe Amemaki ye na Elanga na Edeni. Na Elanga esika wapi nzete na bomoi mpe nzete na koyeba malamu mpe mabe, mpe Nzambe Apesaki mobeko na moto na Yambo Adamu ete, "yo okoki kolia mbuma na nzete nioso na Elanga, nde mbuma na nzete na koyeba malamu mpe mabe okoki te.pamba te mokolo okolia yango okokufa solo."(Genese 2:16-17).

Sima na koleka nan tango molayi, moto nay ambo Adamu mpe muasi nay ambo Ewa bamekamaki na nyoka, oyo azalaki nan se na bokambami na Satana, mpe babukaki mobeko na Nzambe. Na suka, ba;liaki na nzete na koyeba malamu mpe mabe mpe babimisamaki libanda na Elanga na Edene. Lokola etumba na makambo basalaka bankitani na Adamu mpe Ewa bankitana na lolenge na bango na masumu. Lisusu, lolenge Nzambe Alobelaki Adamu ete akokufa solo, milimo nioso na bankitani ba ye misengelaki na kufa na seko.

Na bongo, liboso na kobanda na tango, Nzabe Abongisaka nzela na lobiko, Muana na Nzambe Mokeli Yesu Christu. Lolenge Misala 4:12 elobeli biso, "Lobiko mpe ezali na moto mosusu te„ mpo ete nkombo mosusu te esiliesili kopesama awa na nse kati na bato ete tokoka kobika mpo na yango," soki kaka na Yesu Christu, moto moko te kati na lisituale akoki mpona kozala Mobikisi na bato.

Mokano na Nzambe oyo Ebombamaka Liboso na Kobanda na Tango

1 Bakolinti 2:6-7 elobeli biso ete, 1 Bakolinti 2:8-9 ekobi na kososolisa biso ete, "Ata bongo, tozali koloba na mayele epai na baoyo bakoli; ezali mayele na ekeke oyo te baoyo bakolimwa. Nde tozali kolobaka mpo na mayele mabombami na Nzambe, oyo nan kuku, oyo Nzambe Alakisaki liboso na ekeke mpona nkembo na biso. "Pamba te, soki bayebaki mbe babomaki Nkolo na nkembo na ekulusu te. Nde pelamoko esili kokomama,'yango liso moko emoni te mpe litoi moko eyoki te, mpeyango motema na moto ebanzi te, Nzambe Abongisi makambo yango nioso mpona bango bakolingaka Ye.'" Tosengeli kososola ete nzela na lobiko oy Nzambe Abongisaka mpona bato liboso na kobanda na tango ezali nzela na ekulusu na Yesu Christu, mpe yango ezali bwanya na Nzambe oyo ebombamaka.

Lokola Mokeli, Nzambe Azali tango nioso kokonza nioso kati na univer mpe lisituale na bato. Mokonzi to mpe president na ekolo akonzaka mboka na Ye kolandana na mobeko na mabele; Mokonzi way ambo kati na company akambaka yango kolandana na buku na company wana; mpe mokonzi na ndako atambwisaka libota na ye kolandana na mibeko na libota. Na boye, ata soki Nzambe Azali mokolo na makambo nioso kati na univer, Akambaka tango nioso makambo nioso kolandana na mobeko na mokili na molimo lolenge emonani kati na Biblia. Kolandana na mobeko na mokili na molimo. Ezali na mobeko ete. "Lifuti na lisumu ezali kufa" (Baloma 6:23), oyo epesa etumbu na mosali mabe, mpe ezali mpe na mobeko oyo ekoki kosikola biso na masumu na biso mpona kozongisa mpifo oyo ebungaka epai na moyini zabolo likolo na bozangi kotosa na Adamu.

Nini ezalaki mobeko na oyo moto akokaki kosikolama mpe kozongisa mpifo iye moto wa yambo Adamu apesaka na moyini zabolo? Kolandana na mobeko mpona kosikola mabele, Nzambe Abongisa nzela mpona lobiko na moto liboso na kobanda na tango.

Yesu Christu Akoki kolandana na Mobeko na Kosikola na Mabele

Nzambe Apesa Bayisalele "mobeko na kosikola na mabele," yango etalisi bango boye: mabele ekotekisama libel ate; mpe, soki moto moko akomi mobola mpe atekisi mabele na ye, ndeko na ye na penepene to moto ye moko asengelaki koya mpe kosikola mabele, na boye kozongisa bokolo na mabele na ye (Lewitiko 25:23-28).

Nzambe Ayebaka na liboso ete Adamu akotika bokonzi oyo ye azwaki eapai na Nzambe na maboko na zabolo na bozangi kotosa na ye. Lisusu, lokola nkolo na ebandeli mpe na solo na makambo nioso kati na univer, Nzambe Atikaka na maboko na zabolo mpifo mpe nkembo oyo Adamu azalaka na yango, lolenge esengamaki kati namobeko na mokili na molimo. Yango tina na tango zabolo amekaka Yesu kati na Luka 4 na kotalisa Ye bokonzi nioso na ba mboka na mokili, akokaki kolobela Yesu ete, "Nakopesa nay o bokonzi nioso oyo, mpe nkembo na yango, mpo ete esili kopesama na ngai, mpe soko nandimi kopesa yango na nani nalingi, nakopesa yango na ye" (Luka 4:6-7).

Kolandana na mobeko na kosikola mabele, mabele nioso mazali na Nzambe. Boye, moto akoki te kotekisa yango mpona libela mpe na tango moto na makoki masengeli akomonana, mabele matekisamaki masengeli kozonga na moto wana. Na boye, biloko nioso kati na univer ezali na Nzambe, nde Adamu akokaki kotekisa yango mpona libel ate, mpe ekoma na zabolo mpona libela te. Na boye, na tango moto oyo azali makoki na kosikola mpifo eye Adamu abungisaka amonanaki, moyini zabolo azalaki na nzela mosusu te kaka na kotika mpifo nioso oyo ye azwaki epai na Adamu.

Liboso na ebandeli na tango, Nzambe na sembo Abongisaka moto oyo azanga mbeba oyo Azalaki na makoki kolandana na mobeko na kosikola mabele, mpe nzela wana na lobiko mpona moto ezali Yesu Christu.

Bongo, boni, na klandana na mobeko na kosikola mabele, Yesu Akokaki kozongisa mpifo oyo ye apesaka epai na moyini zabolo? Kaka Yesu nde azalaki na makoki oyo minei, nde Ye wana akokaki kosikola bato nioso na masumu na bango mpe Azongisa mpifo oyo epesamelaki moyini zabolo.

Yambo, mosikoli asengelaki kozala moto, "ndeko na Adamu na penepene mpenza."

Lewitiko 25:25 elobeli biso ete, "Soko ndeko nay o akomi mobola mpe atekisi ndambo na mabele na ye, mbe ndeko na ye akoki kosikola oyo esili ndeko na ye kotekisa." Wuta ndeko na penepene akokaki kosikola mabele, mpona kozongisa mpifo oyo Adamu abungisaki, ndeko na pene pene asengelaki kozala moto "Pelamoko kufa ayaki na nzela na moto moko, kosekwa mpe eyei na nzela na moto. Pamba te lokola na Adamu nioso bakokufaka, mpe na Christu nioso mpe bakozwa bomoi na seko." Na maloba misusu, lolenge kufa ekotaka na nzela na kozanga kotosa na moto moko, lisekwa na milimo mikufa mpe misengeli na kokokisama na nzela na moto moko.

Yesu Christu Azali Liloba [oyo] Akomaki nzoto" mpe Ayaki na mokili (Yoane 1:14). Azali Muana na Nzambe, Abotamaki na mosuni na nioso na Bonzambe mpe bomoto kati na Ye. Lisusu, mbotama na Ye ezali likambo monene kati na lisituale mpe ezali na bilembo ebele miye mizali kotatola yango. Ya motuya koleka, ezali ete lisituale na bato ekabolama na biteni minene na mibale yango "A.JC toliboso na Yesu, mpe "A.JC" to sima na Yesu Christu (Anno Domini") na nkoto na ba Latin, na ba mikolo na Nkolo na biso."

Wuta Yesu Christu Akotaka na mokili na mosuni, Ye Azali "ndeko na penepene" na Adamu mpe Akokisi likambo na liboso.

Mibale, Mosikokoli asengeli kozala monkitani na Adamu te.

Mpona moto kosikola bato misusu na masumu na bango, asengeli te kozala mosumuki ye mpenza. Bankitani nioso na Adamu, oyo ye moko akomaki mosumuki na nzela na bozangi kotosa na ye, bazali basumuki. Na bongo, kolandana na mobeko na kosikola mabele, mosikoli asengeli te kozala monkitani na Adamu.

Kati na Emoniseli 5:1-3 ezali na lisolo eye:

"Na loboko na mobali na Mofandi na ngwende na bokonzi namonaki mokanda mosili kokomama na kati mpe na libanda, mpe mosili kokangama na bilembo nsambo. Namoni mpe mwanje makasi kosakola na mongongo makasi ete, "Nani abongi na kokangola mokanda mpe na kokangola bilembo na yango?" Na likolo, na mokili, mpe nan se na mokili, moto te akokaki kokangola mokanda soko kotala kati na yango."

Awa buku "mokanda mokangami na bilembo sambo" etalisi boyokani oyo ekomamaki kati na Nzambe mpe zabolo sima na kozanga kotosa na Adamu, mpe ye oyo azali na makoki na kofungola mokanda mpe kobuka bilembo na yango" asengelaki na kokoka kolandana na mobeko na kosikola mabele. Na tango ntoma Yoane atalaki epai na epai mpona ye oyo akokaki kofungola buku mpe kobuka bilembo na yango, akokaki komona moto moko te.

Yoane atalaki na Lola mpe ezalaki na banje kasi moto moko

te. Atalaki na mokili mpe amonaki kaka bankitani na Adamu, bango nioso basumuki. Atalaki nan se na mabele mpe amonaki kaka basumuki ba oyo basengelaki na lifelo mpe bikelamo ba oyo bazalaki na zabolo. Yoane alelaki mpe alelaki lisusu mpo ete moto moko te amonanaki mpona kozala na makoki kolandana na mobeko na kosikola na mabele (v.4).

Bongo, moko kati na ba mpaka apesaki Yoane makasi, mpe alobelaki ye ete, "Lela te; tala, nkosi oyo abimi na libota na Yuda, Ntina na Dawidi, Asili kolonga boye Ye Akoki kokangola mokanda na bilembo na yango nsambo." (v.5). Awa, "Nkosi Abimi na libota na Yuda, Ntina na Dawidi' etalisi Yesu, oyo Azali na libota na Yuda mpe na ndako na Dawidi; Yesu Christu Akoki mpona kosikola kolandana na mobeko na kosikola na mabele.

Kati na Matai 1:18-21, tomoni na mozindo lisolo na mbotama na Nkolo na biso:

"Kobotama na Yesu Christu ezalaki boye: Esili Malia, mama na ye, kobandama na Yosefe, naino ebalanaki bango te, azwami na zemi mpona Molimo Mosantu. Mobali na ye Yosefe, azalaki moto na boyengebene alingaki komonisa ye nsoni na miso na bato te; akani kolongola ye nan kuku. Nde ezalaki ye kobanza bongo, tala mwanje na Nkolo amonani na ye na liloto, alobi na ye ete,'Yosefe mwana na Dawidi, banga kokamata malia mwasi nay o te. Pamba te yango esili koya na ye ezali mpona Molimo Mosantu. Akobota mwana Mobali mpe okobianga nkombo na Ye Yesu, mpe ye akobikisa bato na Ye na masumu na bango."

Tina mpona Muana se moko na Nzambe Yesu Christu Aya kati na mokili oyo na lolenge na nzoto (Yoane 1:14) na nzela na libumu na moseka Malia ezali mpo ete Yesu Asengelaki kozala moto kasi monkitani na Adamu te, mpo ete Akoka kozwa makoki kolandana na mobeko na kosikola na mabele.

Misato, mosikoli asengeli kozala na nguya

Toloba ete leki mobali akomi mobola mpe atekisi mabele ma ye, mpe kulutu na ye alingi kosikola mabele mpona leki na ye mobali. Nde, kulutu mobali asengeli kozwa makoki masengeli mpona kosikola yango (Lewitiko 25:26). Lolenge moko, soki leki mobali azali na ba nyongo minene mpe kulutu na ye alingi kofutela ye, kulutu mobali akoki kosala yango na tango azali na "makoki masengeli," kaka makanisi malamu te.

Na lolenge mooko, mpona kobongola mosumuki na moto na sembo, "makoki masengeli" to nguya esengeli mpenza. Awa, nguya na kosikola mabele etalisi nguya na kosikola bato nioso na masumu na bango. Na maloba mosusu, mosikoli na bato nioso oyo akoki kolandana na mobeko na kosikola mabele akoki kozala na lisumu moko te kati na ye.

Wuta Yesu Azali Monkitani na Adamu te, Azali mpe na masumu na mbotama te. Yesu Azali mpe na masumu oyo Ye moko Asalaka te mpo été Abatela nioso kati na Mobeko na tango na b ambula 33 na Ye nioso kati na mokili. Akatamaki ngenga na mokolo na mwambe sima na mbotama na Ye mpe liboso na mosala na Ye na mbula misato, Yesu Atosaka na mobimba mpe Alingaka baboti ba Ye koleka nioso, mpe na bolingo nioso mpenza Abatelaka mibeko nioso.

Yango ntina Baebele 7:26 balobeli biso ete, "Nganga monene na motindo oyo abongi na bisoYe na bulee, na lofundu te, na litono te, oyo atangolami na bato na masumu, mpe Anetolami na likolo mosika Kati na 1 Petelo 2:22-23, tomoni "Ye Asalaki lisumu moko te; bokosi moko ezuamaki kati na monoko na ye mpe te. Atukamaki nde Azongisaki kotuka moko te; Ayokaki mpasi nde Akanelaki moko te; kasi Amipesaki epai na Ye oyo Akosambisaka na sembo."

Minei, mosikoli asengeli kozala na bolingo.

Mpona kosikolama na mabele ekokisama, likolo na makambo misato na likolo, esengeli bolingo ezala. Soki bolingo ezali te, kulutu ndeko mobbali azali mozwi kolekka bazwi nioso na mboka na tango ndeko leki nay ye na mobali, soki bolingo ezali te kulutu bobali akoka kosunga leki mobali te. Boni eloko nini bozwi na kulutu na ye na mobali mpe mpifo ekoki kosalela leki mobali.

Kati na Luta 4 ezali na liisilo na Boaza, oyo ayebaka malamu likambo na mama bokilo na Luta na nkombo na Naomi oyo akutanaki na yango. "Nakoki kosikola yango mpona ngai mpenza te ete nabebisa libula na ngai te. Kamata bokonzi na ngai mpona yo mpenza, mpo ete ngai nakoki kosikola yango te"(et. 6). Bongo Boaza kati na ebele na bolingo na ye, asikolaki mabele mpona Naomi. Sima na yango, Boaza apambolamaki mingi mpona kozala koko na Dawidi.

Yesu, oyo Ayaka na nzoto kati na mokili oyo, Azalaka monkitani na Adamu te mpo ete Abotamaka na Molimo Mosantu, mpe Asalaka lisumu moko te. Boye, azalaki na makoki masengelaki mpona kosikola biso. Soki Yesu Azalaka na bolingo te, nde, Akokaki kondima pasi na kobakama na ekulusu te. Kasi,

Yesu Atondisamaki na bolingo nde Abakamaki na bikelamo na pamba, Atangisaki makila ma Ye nioso, mpe Asikolaki moto, na bongo Afungolaki nzela na lobiko. Yango ezali lifuti na bolingo ezanga suka na Tata na biso Nzambe mpe komikaba na Yesu oyo Atosaka kino kufa.

Tina na Yesu Kobakama na Ekulusu na Nzete

Pona nini Yesu Abakamaka na ekulusu na nzete? Oyo ezali sepelisa mobeko na mokili na molimo, oyo elobi ete, "Christo Asikoli bison a elakeli mabe na Mibeko Akomaki Ye eloko elakelami mabe mpo na biso, pelamoko ekomamami ete: Moto na moto oyo akangemi na nzete, alakelama mabe" (Bagalatia 3;13). Yesu Abakamaki na nzete mpona ntina na biso mpo ete Akoka kosikola biso basumuki na "elakelami mabe na mobeko."

Lewitiko 17:11 elobeli biso ete, "Mpo ete bomoi na mosuni ezali kati na makila, mpe ngai nasili kopesa yango na bino na likolo na etumbelo mpona kosala kozongisa na bondeko na ntina na bomoi, mpo ete ezali makila ekozongisa na bondeko na ntina na bomoi." Baebele 9:22 etangi ete, "Ee, na nse na mobeko biloko nioso mipetolami na makila, mpe soko makila masopani te, kolimbisama na masumu mazali te." Makila ezali bomoi mpo ete ezali na bolimbisami na masumu te soki makila masopami te. Yesu Atangisaki makila ma ye mazanga mbeba mpe na motuya mpo été tokoka kozwa bomoi.

Lisusu, na nzela na konyokwama na Ye na ekulusu, bandimi basikolami na kolakelama mabe na ba bokono, makakatani, bobola, mpe bongo na bongo. Mpo ete Yesu Abikaka kati na bobola na tango azalaka na mokili oyo, Amemaka bobola na biso. Mpo ete Yesu Abetamaki fimbo, tosikolami na ba bokono na biso nioso. Mpo ete Yesu Alataka montole na nzube, Asikola bison a masumu nioso tokosalaka na makanisi na biso. Mpo ete Yesu aAbetamaki sete na maboko mpe na makolo ma Ye, Asikola bison a masumu nioso oyo tokosalaka na maboko na biso mpe na makolo na biso.

Kondimela Nkolo Ezali Kombongwana kati na Solo

Bato ba oyo basosoli solo mokano na ekulusu mpe bandimeli yango na nse na mitema na bango mpenza bakomilongola na masumu mpe bakobika na mokano na Nzambe. Lokola Yesu Alobeli biso kati na Yoane 14:23 ete, "Soko moto nani akolingaka Ngai, akotosa Liloba na Ngai; mpe Tata na Ngai Akolinga Ye, mpe Tokoya epai na ye mpe tokobongisa efandelo epai na Ye," moto na lolenge oyo akozwa bolingo na Nzambe mpe mapamboli na Ye.

Pona nini, bongo, bato oyo bazali kotatola kondima na bango epai na Nkolo bakozwaka te biyano na mabondeli na bango mpe bazali kobika kati na mimekano mpe mikakatano? Yango ezali mpo ete, ata soki bakoki koloba ete bandimela Nzambe, Nzambe Andimelaka kondima na bango lokola kondima na solo te. Yango elakisi ete ata soki bayokaka liloba na Nzambe te, bamilongoli naino kati na masumu na bongo te mpe bambongwani kati na solo te.

Ndakisa, ezali na ebele na bandimi ba oyo bakotosaka Mibeko zomi soko te, moboko kati na bomoi na kati na Christu. Baton a lolenge oyo bayebi Mobeko "Kanisa mokolo na Sabata, mpe batela yango bulee." Ata bongo, bazali kaka kokota na mayangani na tongo to mpe bazali ata kokota na mayangani moko te mpe bazali kosala misala na bango moko na mokolo na Nkolo. Bayebi ete basengeli kopesa moko na zomi, kasi mpo ete balingaka mpenza misolo bakozanga kopesa moko na zomi na mobimba na yango. Na tango Nzambe Alobeli biso malamu ete, kozanga kopesa moko na zomi ezali koyiba Ye, lolenge kani bakoki kozwa biyano mpe mapamboli (Malachi 3:8)?

Bongo ezali na bandimi ba oyo balimbisaka masengenia na ba

mbeba na basusu te. Bazali kozwa nkanda mpe bazali kosala mayele na kokabola baninga mabe na lolenge moko oyo basalelaki bango. Basusu bazali kopesa bilaka mpe bakozanga na kokokisa yango mbala na mbala, na tango basusu bazali komilela mpe kotia foti epai na basusu, na lolenge moko na bato na mokili bakosalaka. Lolenge kani ekoki kolobama na bango été, bazali na kondima na solo ?

Soki tozali na kondima na solo, tosengeli koyika mpiko na kosala makambo nioso kolandana na mokano na Nzambe, koboya mabe na lolenge nioso, mpe kokokana na Nkolo na biso oyo Abonza bomoi na Ye moko mpona ntina bna biso basumuki. NBato na lolenge oyo bakoki na kolimbisa mpe kolinga ba oyo bayinaka mpe bakosalaka bango mabe, mpe na tango nioso bakosalela mpe bakomikaba mbeka mpona basusu.

Na tango bomilongoli bino moko mpenza na moto moto kati na bino, bokombongwana na lolenge na moto malamu oyo bibbebo ma ye mikobimisaka kaka maloba na bosembo mpe na kopesa bato makasi. Soki bozallaka na kala na komillela lela mpona likambo nioso, kati na kondima na solo bokombongwanna mpona kopesa matondi na makambo nioso mpe kokabola ngolu na ba oyo nioso pembeni na bino.

Soki na komikitisa tozali kondimela Nkolo, moko na moko

na biso asengeli kokokana na Ye mpe abika bomoi embongwana. Yango ezali nzela mpona kozwa biyano na Nkolo mpe mapamboli.

Episiko na Baebele 12:1-2 elobeli na biso ete:

Na bongo mpo na biso, awa ezingelami bison a lipata monene boye na batatoli, tolongola bipekiseli nioso mpe masumu mazali kokanga biso topota mbangu na etingia na emekaneli na mbango etiami liboso na biso, awa ezali biso kotala Yesu, Ye Mobandisi mpe Mosukisi na kondima. Mpona esengo etiami liboso na Ye, Ayikeli ekulusu mpiko, atioli nsoni na yango mpe azali kofanda na loboko na mobali na ngwende na bokonzi na Nzambe.

Ata na ebele na batata kati na kondima oyo tomoni kati na Biblia, kati na ba oyo pembeni na biso, ezali na ebele na bato ba oyo bazwi lobiko mpe mapamboli na kondima na bango mpona Nkolo na biso. Lokola etuluku monene na batatoli, tika ete tozwa kondima na solosolo! Tika ete tobwakisa mmakambo nioso mazali kotelemela biso mpe masumu oyo ikofinaka bison a bopete nioso, mpe toyika mpiko na kokokana na Nkolo na biso! Kaka bongo lolenge Yesu Alaki bison a Yoane 15:7 ete, "Soki bokoumela kati na ngai, mpe maloba na ngai makoumela kati na bino, bokolomba likambo lilingi bino mpe ekosalemela bino," Tika moko na moko kati na biso abika bomoi oyo etondisami na biyano mpe na mapamboli ma Ye.

Soki bozali naino kobika bomoi na lolenge wan ate, tala sima na bomoi nay o moko, pasola motema nay o, mpe tubela mpona kondimela lolenge esengelaki Nkolo te, mpe zwa ekateli na kobika kaka na Liloba na Nzambe.

Tika ete, moko na moko na bino azwa kondima na solosolo, akutana na nguya na Nzambe, mpe akumisa ye makasi na biyano nioso mpe na mapamboli, na nkombo na Nkolo Yesu Christu nabondeli!

Mateya 3
Eluku kitoko Koleka Libanga na Talo

2 Timote 2:20-21

Kati na ndako monene, biloko bizali bobele na wolo mpe na palata te, kasi biloko na mabata mpe na mabele lokola, mosusu mpona mosala na lokumu, mosusu mpona mosala mozangi lokumu. Soko moto nani akomipetola na makambo oyo, akozala eloko na motuya oyooyo ebulisami mpe ekosepelisa mokolo na ndako; oyo ebongi mpe mpona misala nioso malamu

Nzambe Akela moto mpo ete Akoka kobuka bana na solo na ba oyo Akoka kokabola bolingo na solo. Ata bongo, bato basumukaki, na kokendaka mosika nan a likambo na solo na kokelama na bango, mpe bakomaki baumbu na Moyini zabolo mpe Satana (Baloma 3:230. Kasi Nzambe na bolingo, Atikaki mokano na kobuka bana na solosolo te. Afungolaki nzela na lobiko mpona bato, bango bakutanaki kati na masumu. Nzambe Andima Muana na Ye se moko na likinda Abakama na ekulusu mpo ete Akka kosikola bato nioso na masumu na bango.

Na bolingo oyo na nkamwa oyo elandisama na komikaba makasi, mpona moto nani nani andimeli Yesu Christu nzela na lobiko efungwamaki. Na moto nioso oyo andimeli kati na motema na ye ete Yesu Azali Mobikisi na ye, makoki na bana na Nzambe mapesameli Ye.

Bana ba Bolingo na Nzambe Bakokisami na "Biluku"

Lolenge 2 Timote 2:20-21 etangi ete, "Kati na ndako monene, biloko mizali kaka na wolo mpe na palata te, kasi biloko na mabaya mpe na mabele lokola, mosusu mpo na mosala na lokumu mosusu mpona mosala na mozangi lokumu. Soko moto nani akomipetola na makambo oyo, akozala eloko mpona mosala na lokumu oyo ebulisami mpe ekosepelisa mokolo na ndako; oyo ebongi mpe mpona misala nioso malamu," Tina na eluku ezali mpona kobomba biloko. Nzambe akokisi ban aba Ye na "biluku" mpo ete kati na bango Akoki kotondisa bolingo na Ye mpe ngolu, mpe Liloba na Ye yango ezali solo, mpe nguya na Ye mpe mpifo lokola. Na boye, tosengeli kososola ete kolandana na ba lolenge na biluku tozali kobongisa, tokoka kosepela na makabo malamu na lolenge nioso mpe mapamboli Nzambe Abongisa mpona biso.

Bongo eluku na lolenge kani, ekozala moto oyo asengeli kofandisa mapamboli nioso Nzambe Abongisa? Ezali eluku oyo Nzambe Amonaki motuya, na kokoka, mpe kitoko.

Yambo, eluku na motuya ezali ye oyo azali kokokisa nioso kati na mosala na ye na Nzambe. Yoane Mobatisi oyo Abongisaka nzela mpona Nkolo na biso Yesu, mpe Mose oyo Atambwisaki bana na Yisalele libanda na Ejipito azali na etape oyo.

Elandi, eluku na "lokumu" ezali ye wana na makambo lokola bosembo, bosolo, kozala ngwi, mpe sembo, yango nioso oyo mimonanaki mpenza te epai na bato nioso. Yosefe mpe Daniele, bango mibale oyo bazalaki na ngwende lokola ba ministre way ambo na bikolo na nguya mingi mpe bakumisaki Nzambe makasi, bango bazali baton a esika eye.

Suka ezali eluku kitoko liboso na Nzambe ezali oyo na motema malamu oyo atikala soko koswana to mpe kowelana kasi kati na solo akondimaka mpe komema makambo nioso. Esetele oyo abikisaki bato na ekolo na ye mpe Abalayama oyo abengamaki moninga na Nzambe bazali baton a lolenge oyo.

"Eluku kitoko koleka libanga na talo" ezali moto oyo azali na makoki na komonana motuya, na bokonzi, mpe kitoko epai na Nzambe. Libanga na motuya oyo ebombama kati na mabanga eyebanaka na mbala moko. Na lolenge oyo, bato nioso na Nzambe ba oyo bazali kitoko koleka mabanga na talon a tembe te, bango bakoyebanaka.

Mingi na mabanga na motuya mizalaka talo mpona minene na yango, kasi kongala mpe ba langi na yango ebele kasi komonana mikobendaka baton a kolanda kitoko na yango. Kasi, kasi mabanga nioso na kongala mabingami mabanga na talo te. Mabanga na soolosolo masengeli mpe kozala na langilangi mpe na kongala, mpe na makasi kati na yango mpe lokola. Awa, « Makasi kati na yango » etalisi makoki na yango mpona koyika moto, na koboya kobebisama soki ekutani na biloko misusu, mpe kobatela lolenge na yango. Likambo mosusu na motuya ezali kozanga komonana na esika nioso.

Soki ezali na eluku na langi na kitoko mingi, na makasi kati na yango moko, mpe komonana mpenza mpenza te, boni motuya, na bokonzi, mpe na bonzenga eluku yango ekozala? Nzambe Alingi bana na Ye bakoma biluku na kitoko koleka mabanga na talo mpe alingi bango babika bomoi epambolama. Na tango Nzambe Akutani na biluku na motindo boye, Akotalisa ebele na bilembo na bolingo na Ye mpe kosepela.

Lolenge nini tokoki kokoma biluku kitoko koleka mabanga na talo na miso na Nzambe?

Yambo, bosengeli kokokisa kobulisama na motema nay o elongo na liloba na Nzambe, oyo yango ezali mpenza solo.

Mpona eluku kosalelama kolandana na tina na yango nay ambo basalelaka yango, likolo na nioso esengeli kozala petwa. Ata eloko na talo ekoki te kosalelama soki ezali na bilembo na solo mabe. Kaka na tango eloko oyo na talo, mpe eluku na wolo epetolami na mai nde ekoki kosalelama kolandana na tina na bosali na yango.

Likambo moko esalemaka na bana na Nzambe. Mpona ban

aba Ye Nzambe Abongisa mapamboli mingi mpe ebele na makabo, mapamboli na bozwi mpe na nzoto malamu, mpe bongo na bongo. Mpona biso kozwa mapamboli mpe makabo mana, tosengeli naino komibongisa lokola biluku mipetolami.

Tomoni kati na Yelimia 17:9 ete, "Motema ezali na bokosi koleka biloko nioso mpe na mabe mingi; nani akoki koyeba yango?" tomoni mpe kati na Matai 15:18-19, esika wapi Yesu Alobi ete, "Nde oyo ekobima na monoko euti na motema; yango wana ekopesa moto mbindo. Pamba te uta na motema ekobima makanisi mabe, libomi koboma moto, ekobo, pite, boyibi, litatoli na lokuta, kotuka;" na boye, kaka sima na biso kopetola mitema na bison de tokokoma biluku na peto. Na tango tokomi biluku mipetolama, moko te kati na biso akokanisa "makanisi mabe," kobimisa maloba mabe, to mpe komema misala mabe.

Kopetolama na mitema na biso ekoki kosalema kaka na main a molimo, Liloba na Nzambe. Yango tina Atindiki biso mpenza na Baefese 5:26 "Ete Abulusa bango, awa esili Ye kopetola bango na komwangisa na mai esika moko na Liloba," mpe na kati na Baebele Apesi moko na moko na biso makasi na "Na bongo, tobelema na mitema na sembo mpe na litondi na kondima mpenza, awa esili mitema na biso komwangisama mpona kopetolama longwa na lisosoli mabe, awa esili mpe nzoto na biso kosukwama na mai na mpeto."

Lolenge nini boni, main a bomoi- Liloba na Nzabeepetolaka biso? Tosengeli kotosa ebele na mibeko mimonani kati na ba buku ntuku motoba na motoba kati na Biblia oyo esengelaka na "kopetola" mitema na biso. Kotosaka mibeko lokola "Kosala te" mpe "longola" ekomema biso suka suka na komilongola biso moko na oyo nioso ezali na masumu mpe mabe.

Bizaleli na ba oyo bapetoli mitema na bango na Liloba na Ye mikombongwanaka mpe kongegisa pole na Christu. Kasi, kotosa Liloba ekoki kokokisama kaka na makasi na moto ye moko mpe na posa na kosala; Molimo Mosantu Asengeli kotambwisa mpe kosunga ye.

Tango toyoki mpe tososoli Liloba, tofongoli mitema na biso, mpe tondimeli Yesu lokola Mobikisi na biso, Nzambe Akopesa Molimo Mosantu lokola likabo. Molimo Mosantu Afandaka kati na bato oyo bandimeli Yesu lokola Mobikisi na abngo, mpe Asungaka bango na koyoka mpe kososola liloba na solo. Makomi elobeli biso ete "Oyo ebotami na mosuni ezali mosuni, mpe oyo ebotami na Molimo ezali Molimo" (Yoane 3:6). Muana na Nzambe oyo azwi Molimo Mosantu lokola likabo akoki mokolo na mokolo komilongola na masumu mpe mabe na nguya na Molimo Mosantu, mpe akoma moto na Molimo.

Bongo ezali na moto na kobanzabanza mpe na

mitungisi, kokanisaka ete, "Lolenge kani nakoki kobatela mibeko mana nioso?

1 Yoane 5:2-3 ekanisisi biso ete, "Na nzela na oyo tokoyeba ete tolingi bana na Nzambe, tokolingaka Nzambe mpe tokokokisa malako na Ye. Mpo ete bolingo na Nzambe ezali ete tokokisa malako na Ye, Malako ma Ye mpe mazali bozito te. Soki okolingaka Nzambe nan se na motema nay o, kotosa malako ma Ye makoki kozala pasi te.

Na tango baboti bakobota mwana na bango, baboti bakotalaka na makambo nioso matali mwana na bango ata koleisa, kolatisa, kosokola, mpe bongo na bongo. Na loboko moko, soki baboti bazali kolandela mwana na bangoo te, ekoki kozala na bozito. Na loboko mosusu, soki baboti bazali kolandela mwana na bango moko, ekoki te kozala na bozito. Ata soki mwana alamuki mpe aleli na katikati nab utu, baboti bakomona lokola kotungisama te; bakolingaka kaka mwana na bango mingi mpenza. Kosala eloko mpona molimgami monene ezali moto na esengo monene mpe sai, ezali pasi te soko kotungisa. Na lolenge moko, soki tokondima solo ete Nzambe Azali Tata na milimo na biso mpe, kati na bolingo na Ye ezanga suka, Apesa Mwana na Ye se moko na likinda mpona kobakama na ekulusu mpona tina na biso, lolenge kani tokoka kolinga

Nzambe te? Lisusu, soki tolingi Nzambe, kobika kati na Liloba na Ye ekozala pasi te. Kutu, ekozala pasi mpe na mookumba soki tobikaka na Liloba na Nzambe te to mpe kotosa mokano na Ye.

Na nyokwama na ba malali kilikili mpona ba mbula sambo kino tango kulutu na ngai ya mwasi amemaka ngai kati na ndako na Nzambe, Na nzela na koyamba moto na Molimo Mosantu mpe lobiko na ba malali na ngai nioso na ngonga na fukamaki kati na ndako na Nzambe, nakutanaki na Nzambe na bomoi. Yango ezalaki na 17 Avril, 1974. Kobanda wana. Nabanda kokenda na mayangani na lolenge nioso kati na matondi ekka mpona ngolu na Nzambe. Na Novembre ya mbula wana, nakota kati na mayangani na ngai na liboso na bolamuki esika wapi nabanda koyekola Liloba na Ye, miboko kati na bomoi na Mokristo.

'Ah oyo ezali oyo Nzambe Alingaka!'
'Nasengeli kolongola masumu ma ngai.'
'Oyo ezali nini esalemaka na tango nandimeli1'
'Nasengeli kotika komela makaya mpe masanga.'
'Nasengeli kokoba na mabondeli.'
'Kopesa moko na zomi ezali motindo,
Mpe nasengeli te koya maboko pamba liboso na Nzambe.'

Mokomi Dr. Jaerock Lee

Poso mobimba, Nazalaki kak koyamba Liloba na ba "Amen!" Sima na milulu na bolamuki, natikaka komela makaya mpe masanga, mpe nabandaka kopesa moko na zomi mpe mabonza na matondi. Nabandaka mpe kobondela na mayangani na tongo makasi mpe moke moke nayaka kokoma moto na mabondeli. Nasalaki kaka lolenge nayekolaki, mpe nayaka kobanda mpe kotanga Biblia.

Nabikisamaki mpe na ba bokono na ngai nioso mpe makakatani, moko te nakokaki kobikisa na ba nzela na bato na mokili, mbala moko na nguya na Nzambe esalemaki. Na boye, nakokaki kondima na makomi nioso mpe ba chapitre kati na Biblia. Mpo ete nazalaki mobandi kati na kondima na tango wana, ezalaki na ba biteni kati na makomi nakokaki te kososola na peteAta bongo, malako oyo nakokaki kososola nabandaki kotosa na mbala moko' Ndakisa, tango Biblia ekebisaki ngai kobuka lokuta te, na yanolaki kati na ngai ete, lokuta ezali lisumu! Biblia elobeli ngai ete, nasengeli kokosa te." Na bondelaki mpe ete: Nzambe nasengi ete Osunga ngai mpona kotika lokuta na pambapamba!" Ezalaki te ete nakosaki baton a motema na mabe, kasi ata bongo, nabondelaki makasi mpo ete nakoka kotika ata lokuta na pamba.

Bato mingi bakosaka, mpe ebele bakososola te ete bakobuka

lokuta. Na tango bolingi kosolola na moto oyo na telephone te, mpe ye abengi, bino botikala koloba na bana na bino, ba oyo bakosalaka na bino, to baninga bayebisa ye ete "Yebisa ye ete nazali te." Bato mingi bakokosaka mpo ete bazali na botosi na basusu. Baton a lolenge oyo bakokosaka soki tango mosusu batuni bango soki balingi eloko na kolia to na komela na tango bakei kotala bato misusu. Ata soki batikalaki kolia te to bazali na bosenga na komela, mopaya oyo aboyi kozala mokumba bamesana koyebisa moyambi na bango ete, "Te, matondi nawuti kolia (to komela) liboso na ngai koya awa." Ata bongo, sima na ngai koya na kososola ete lokuta ata na makanisi malamu ezali kaka lokuta, Nabondelaki na kotika te mpona kolongola lokuta kino suka nakokaki kobwakisa ata lokuta emonani lokola malamu.

Lisusu, nakomaki makambo nioso na mabe mpe na masumu kati na lokosa, oyo nasengelaki kolongola, mpe nabondelaki. Kaka na tango oyo nakomaki na bososoli ete nalongoli eloko moko na mabe mpe lisumu moko, nde nakobaki na oyo elandi, na kolongola yango kati na lokasa na biki motane. Soki ezalaki na eloko na mabe mpe lisumu oyo nakokaki kolongola na pete tea ta sima na mabondeli makasi, Nabandaki kokila na mbala moko. Soki nakokaki kosala yango sima na kokila bilei na mikolo misato te, nakomatisa kokila na mikolo mitano. Soki nabandeli lisumu moko wana, nakomatisa na mikolo sambo na kokila. Kasi, ezala mpenza mbala mingi te oyo nakila mpona poso mobimba; sima na kokila mpona mikolo misato, nakokaki kolongola ebele na ebele na masumu mpe mabe. Nakokobaka na kolongola mabe na kobandelaka lolenge oyo, Nakomaki eluku epetolami mingi koleka.

Mikolo misato sima na ngai kokutana na Nkolo, nabwakisaki makambo nioso ekoboyaka kotosa Liloba na Nzambe mpe nakokaki kozala eluku epetolama na miso ma ye. Lisusu, na lolenge nazalaki mpenza kobatela mpe nokinoki kobatela mibeko, ata "Sala" mpe "Batela," Nakokaki kobika na Liloba na Ye kaka sima na mikolo moke. Lolenge nambongwamaki na eluku epetolama, Nzambe Apambolaki ngai mingi. Libota na ngai ezwaki lipamboli na nzoto malamu. Nakokaki mpenza kofuta ba nyongo na ngai nioso. Nazwaki mapamboli na nzoto mpe na "Balingami, soko mitema na biso mikokweisaka biso te, tozali na molende liboso na Nzambe mpe soko tokolomba eloko nini, kokozua yango epai na Ye mpo ete tokokokisa malamo na Ye mpe tokosalaka makambo mazali malamu na miso na Ye" (1 Yoane 3:21-22).

Mibale, mpona kokoma eluku kitoko koleka libanga na talo, bosengeli "kopetolama na moto" mpe kongengisa pole na molimo.

Mabanga na talo na lopete mpe singa na kingo mazalaka petwa te na tango moko. Kasi, kasi mayaka kopetolama na bapetoli mpe mayaki kobimisa ba pole kitoko mpe kozwa ba lolenge malamu.

Kaka lolenge bapetoli wana na talo bakataka, bapetolaka, mpe bapetolaka na moto mabanga mana na motuya na ba lolenge kitoko mingi na kongala na makasi, Nzambe Apesaka bolakisi na ban aba Ye. Nzambe Asalaka bango bongo mpona masumu na bango te, kasi mpo ete na nzela wana Akoka kopambola bango na nzoto mpe na molimo. Na miso na ban aba Ye, ba oyo basumuki te to mpe basali likambo mabe te, ekooki komonana ete basengeli komema pasi mpe minyoko na mimekano. Yango ezali nzela na wapi Nzambe Akokolisa mpe kokembisa bana na Ye mpo ete bakoka kongengisa na kitoko koleka ba langi kitoko. 1 Petelo 2:19 ezongi na bongo na biso ete, "Mpo ete ezali malamu soko moto akoyikaka mpiko kati na mpasi oyo eyokisi ye bango bobele pamba,, awa ezali Nzambe kati na makanisi na ye." Totangi mpe ete, "Boye kondima na bino ekomekama, yango eleki motuya na wolo oyo ekomekama na moto ata ezali kobeba. Kondima na bino ekomonana mpo na masanjoli na lokumu mpe na lisimi wana ekomonana Yesu Christu. (1 Petelo 1:7).

Ata soki bana na Nzambe basi balongoli mabe na lolenge nioso mpe bakomi biluku iye misantisami, na tango na kopona na Ye, Nzambe Amemaka bango na kozwa momekano mpe kokolisama mpo ete bakka kobima lokola biluku kitoko koleka mabanga na motuya. Lolenge eteni na suka na 1 Yoane 1:5 elobeli biso ete, "Nzambe Azali pole, mpe kati na Ye molili ezali soko te," Mpo ete Nzambe Azali pole na nkembo yango moko na koningana to mpe mbeba te, Azali kokamba bana ba Ye na etape moko na pole.

Na boye, na tango bolongi momekano nioso oyo Nzambe Andimi kati na bolamu mpe bolingo, bokokoma eluku na kongala mpe na kitoko koleka. Etape na mpifo na molimo mpe nguya ekokesana kolandana na kongenga na pole na molimo. Lisusu, na tango pole na molimo ezali kongala, moyini zabolo mpe Satana bazali na esika moko te na kotelema.

Na Malako 9 ezali na esika wapi Yesu Abimisi molimo mabe kati na elenge mobali oyo tata abondeli Yesu mpo ete Abikisa muana na ye.. "Yo molimo na ebubu, nazali kolaka yo, bima na ye mpe kotela ye lisusu te.(v.25). Molimo mabe alongwaki elenge mobali, oyo akomaki lisusu malamu. Liboso na esika oyo ezali na likambo mosusu wapi tata amemi muana na ye epai na bayekoli na Yesu, ba oyo bakokaki kobimisa molimo mabe te. Yango ezalaki mpo ete kogenga na pole na molimo na bayekoli na etape na pole na molimo na Yesu ikesanaka.

Nini bongo, tosengeli kosala soki tosengeli kokota na etape na pole na molimo na Yesu? Tokoki kozala na elonga kati na mimekano na lolenge nioso na kotiaka kaka kondima epai na Nzambe, kolonga mabe na malamu, mpe ata kolinga bayini. Na boye, tango bolamu, bolingo, mpe boyengebene na bino mimonani solo, kaka lokola Yesu, bokoka kobimisa milimo mabe mpe kobikisa makakatani na lolenge nioso.

Mapamboli mpona Biluku Kitoko Koleka Mabanga na Motuya

Lolenge natambolaki nzela na kondima ba mbula ebele, nakutana mpe na mimekano ebele. Ndakisa, na kofundama an lokuta na programe na ndako na t.v moko ba mbala moke eleki, Nakutanaki na Momekano oyo ezalaki pasi mpe na konyokola lokola liwa. Bato oyo bazwaka ngolu na nzela na ngai mpe basusu koleka ba oyo namonaki lokola libota na ngai basalaki ngai mabe.

Epai na baton a mokili nakomaka lokola eloko na kososolama te mpe esika na kolobela mabe, na tango ebele na bandimi na Manmin banyokwamaka na likambo oyo basalaki te. Ata bongo, bandimi na Manmin mpe ngai mei tolongaki momekano wana na bolamu, mpe lokola totikaki nioso na maboko na Nzambe, tobondelaki na Nzambe na bolingo mpe mawa ete Alimbisa bango.

Lisusu, natikalaka koyina soko kobwakisa ba oyo balongwaka mpe bakomisaka makambo pasi mpona egelesia. Na katikati na momekano oyo na somo, nandimaka kaka ete Tata na ngai Nzambe Alingaki ngai. Yango tina nakokaki ata kotala ba oyo basalaki ngai mabe kaka na bolamu mpe na bolingo. Lokola motangi azwaka kondimama mpona mosala na ye makasi mpe kondimama na nzela na examen, na tango kondima na ngai, bolamu, bolingo, mpe bosembo azwi kondimama na Nzambe, Apambolaki ngai na kosala mpe na kotalisa nguya na Ye lisusu na makasi koleka.

Sima na momekano, Afungolaki ekuke na wapi nasengelaki kokokisa mosala na mokili mobimba. Nzambe Asalaki mpo ete ba zomi na ba nkama, mikama na ba nkoto, mpe ata ba milio na bato bakosangana na ba croisade nazalaki kokamba na mikili na bapaya, mpe Azala elongo na ngai na nguya na Ye eye elekelaka tango na esika.

Pole na molimo na oyo Nzambe Azingaka biso ezali na pole koleka mpe na kitoko likolo na libanga nini na motuya kati na mokili oyo. Nzambe Atalaka ba oyo kati na pole na molimo ezala biluku kitoko koleka libanga na talo nioso.

Na boye, tika ete moko na moko kati na bino akokisa nokiboki kobulisama mpe akoma eluku eye ekongengisa pole na molimo oyo emekama mpe ezali na kitoko koleka libanga na motuya, mpo ete bozwa nini nini oyo ekosenga bino mpe bobika bomoi epambolama, na nkombo na Nkolo Yesu Christu Nabondeli!

Liteya 4
Pole

1 Yoane 1:5

*Oyo mpe ezali nsango
Esili biso koyoka epai na Ye,
Mpe ezali biso kosakwela
Bino ete Nzambe Azali
Pole mpe molili ezali Kati na
Ye soko moke te.*

Ezali na ba pole mingi na ba lolenge na lolenge mpe kati na moko na moko na bango ezali na makoki na yango moko. Likolo na nioso, engengisaka molili, ememaka moto, mpe ekobomaka ba bacterie mabe mpe na ba nyama mikemike. Na pole, ba nzete mikoki kozwa bomoi na nzela na photosyntese.

Kasi, ezali na pole na mosuni oyo tokokikomona na miso na miso na mosuni mpe kosimba mpe lokola, mpe pole na molimo oyo tokoki komona soko kosimba te. Kaka lolenge pole na mosuni ezali na makoki mingi, kati na pole na molimo ezali na ebele na makoki tokoka kotanga te. Na tango pole engengi kati nab utu, molili ekolongwaka na mbala moko.

Na lolenge moko, na tango pole na molimo ekongenga kati na bomoi na biso, molili na molimo ekolongwa mbala moko na lolenge tozali kotambola kati na bolimgo mpe mawa na Nzambe. Mpo ete molili na molimo ezali moto na bokono mpe makambo kati na ba ndako, mosala, mpe na boyokani na bato, tokoki kmozwa bopemi na solo te.Kasi, na tango pole na molimo engengi kati na bomoi na biso, mikakatano oyo elekaki mayele na moto mpe makoki na ye makoki kosilisama mpe nioso na baposa na biso koyanolama.

Pole na Molimo

Nini ezali pole na molimo mpe lolenge nini isalaka? Tomoni na eteni na suka na 1 Yoane 1:5 ete "Nzambe Azali Pole, mpe kati na Ye molili ezali soko moke te," mpe na Yoane 1:1, "Liloba Ezalaki Nzambe." Na mokese, "pole" etalisi kaka Nzambe Ye mei te, kasi Liloba na Ye mpe oyo Ezali mpenza solo, bolamu, mpe bolingo. Liboso na kokela na biloko nioso, kati na monene na univer Nzambe Azala Ye mei mpe Azwaki naino lolenge moko te. Lokola lisanga na Pole mpe Mongongo, Nzambe Azalaki komema Univer mobimba kati na motema na Ye. Pole na kongenga, na bonzenga, mpe kitoko na pole ezipaka univer Mobimba mpe kowiuta na pole wana mongongo na petwa, kitoko, mpe na mongongo mpenza ezalaki kobima.

Nzambe oyo Azala lokola pole mpe mongongo abongisaka mokano na kolonama na moto mpona kobuka bana na solo solo. Ayaki sik'awa kozwa elingi, Amikaboli na Nzambe Misato, mpe na Elilingi na Ye moko Akelaka moto. Kasi, Moboko mpenza na Nzambe etikala pole mpe mongongo, mpe Akobi na kosala lokola Pole mpe Mongongo. Ata soki Azali na lolenge na elilingi na moto, kati na elilingi wana ezli pole mpe mongongo (Liloba) kati na nguya na Ye eye ezanga suka.

Likolo na nguya na Nzambe, ezali na biloko misusu na solo, ata bolingo mpe bolamu kati na pole oyo na molimo. Ba buku ntuku motoba kati na Biblia mazali lisanga na solo na pole na molimo iye izwama kati na mongongo (Liloba). Na lolenge mosusu, 'pole" elakisi mibeko nioso mpe makomi nioso kati na Biblia maye matali bolamu, bosembo, mpe bolingo, ata "Bolingana bino na bino," "Bondela na kotika te," "Batela Mokolo na Sabata," "Tosa Mibeko Zomi," mpe bongo na bongo.

Tambola kati na Pole mpona Kokutana na Nzambe

Na tango Nzambe Azali kokonza mokili na pole, moyini zabolo mpe Satana bazali kokonza mokili na molili. Lisusu, wuta moyini zabolo mpe Satana atelemelaka Nzambe, bato oyo bazali kobika kati na mokili na molili bakoki te kokutana na bakoki kokutana na Nzambe te. Na boye, mpona kokutana na Nzambe, kozwa kosilisama na mikakatano kilikili kati na bomoi na bino, mpe kozwa biyano, bosengeli kobima nokinoki kati na mokili na molili mpe bokota kati na mokili na pole.

Kati na Biblia tokutani na mibeko lkola. "Sala". Yango esangisi "Bolingana bino na bino," "Bomisalela," "Bondela," "Pesa matondi," mpe bongo na bongo. Ezali mpe na mobeko "Batela", ata "Batela Sabata," "Batela Mibeko Zomi," "Batela mibeko na Nzambe," mpe bongo na bongo. Nde ezali mpe na ebele na "Kosala te". Ata, "Kobuka Lokuta te," "Koyina Te," "Koluka bolamu na yo moko te," "Kongumbamela bikeko te," "Koyiba te," mpe bongo na bongo. Ezali mpe na "Longola", ata "Longola mabe na lolenge nioso," "Bwakisa likunia mpe zua." "Longola moyimi," mpe bongo na bongo.

Na ngambo moko, kotosa mibeko oyo na Nzambe ezali kobika kati na Pole, kokokana na Nkolo, mpe kokokana na Tata na biso nzambe. Na ngambo mosusu, soki bokosala lolenge Nzambe Alobeli biso kosala te, mpe soki bokobwakisa oyo Ye Alobeli na bino bobwakisa, bokokoba na kotikala kati na molili.

Na bongo, kokanisaka ete koboya kotosa lliloba na Nzambe elakisi ete tozali kati na mokili na molili oyo ekonzami na moyini zabolo mpe Satana, tosengeli tango nioso kobika na Liloba na Ye mpe kotambola kati na Pole.

Lisanga na Nzambe na Tango Tozali Kotambola kati na Pole

Lokola eteni na liboso na 1 Yoane 1:7 elobeli biso ete, "Soki tokotambola kati na pole lolenge Azali Ye moko kati na pole, tozali na lisanga mpenza," kaka na tango totamboli mpe tofandi kati na pole nde ekoki kolobama pona biso ete tozali na lisanga na Nzambe.

Kaka lolenge ezali na lisanga kati na tata mpe muana na ye, tosengeli mpe kozala na lisanga na Nzambe, Tata na molimo na biso. Kasi, mpona kofandisa mpe kobatela lisanga elongo na Ye, tosengeli kokutana na bosenga moko: kobwakisa masumu na kotambolaka kati na pole. Yango ezali ete, "Soko tokolobaka ete tozali na Ye lisanga, nde tokotambolaka naino kati na molili tozali kobuka lokuta tokosalaka misala na solo te (1 Yoane 1:6).

"Lisanga" ezali ngambo moko te. Kaka mpo ete boyebi moto, yango elakisi te ete bozali na lisanga na moto yango. Kaka soki ba ngambo mibale bakomi penepene mingi mpona, koyebana, kotiela motema, kotia elikya, mpe kosolola nde ekoki kolobama ezali na "lisanga" kati na ba ngambo mibale.

Ndakisa, mingi kati na bino bayebi nkumu to mokonzi na mboka na bino. Kasi ata lolenge nini boyebi ye malamu mingi, soki ye ayebi bino te, ezali na lisanga moko te kati na bino mpe mokonzi. Lisusu, kati na lisanga ezali na bokeseni na ba mizindo. Mibale kati na bino bokoki kozala na mwa koyebana; mibale kati na bino bokoki kozala mwa penepene mpona kotuna boni mosusu azali tango na tango; to, mibale kati na bino bokoki bokoki kozala na lisanga makasi esika wapi bozali kokabola ata mozindo na basekele.

Yango ezali lolenge moko kati na lisanga elongo na Nzambe. Mpona lisanga na biso na Ye ezala na solo, Nzambe Asengeli koyeba mpe kondima biso. Soki tozali na mozindo lisanga na mozindo elongo na Nzambe, tokozala malali to mpe kolemba, mpe ekozala na eloko moko te na oyo tokoka te kozwa biyano. Nzambe Alingi kopesa na bana na Ye kaka ya motuya, mpe Alobeli biso kaka na Dutelenome 28 été kaka na tango totosi na Nzambe na biso na mobimba mpe tolandi na bokebi mibeko na Ye, tokopambolama na tango tokokota mpe na tango tokobima ; tokodefisa kasi tokodesa jepai na moto moko te ; mpe tokozala moto kasi mokila te.

Ba Tata na Kondima Ba Oyo Bazali na Lisanga na Solosolo na Nzambe

Lisanga na lolenge nini oyo Dawidi, oyo Nzambe Abenga "Moto sima na motema na Ngai moko" (Misala 13:22), azali na

Ye? Dawidi Alingaka, Abangaka, mpe Atielaki Nzambe elikya nioso na tango nioso. Na tango azalaki kokima mosika na Saulo to kokende na etumba, lokola muana kotunaka eloko moko na moko asengeli kosala epai na baboti ba ye, Dawidi azalaka tango nioso kotuna, esengeli na ngai kokende? Esika wapi nasengeli kokende? Mpe asalaki lokola Nzambe alakaki ye. Lisusu, Nzambe Apesaka tango nioso Dawidi biyano na mozindo mpe malamu, mpe lokola Dawidi asalaki lolenge Nzambe Alobelaki ye akokaki kokokisa elonga na elonga (2 Samuele 5:19-25).

Dawidi akokaki kosepela lisanga malamu na Nzambe mpo ete, na kondima na ye, Dawidi asepelisaki Nzambe. Ndakisa, na ebandeli na bokonzi na mokonzi Saulo, Bafilisitia bakotelaki Yisalele. Bafilisitia bakambamaki na Goliata, oyo asekaka mapinga na Yisalele mpe atukaka mpe atelemelaki kombo na Nzambe. Kasi, moto moko te kati na mapinga na Yisalele amekaki kotelemela Goliata. Na tango wana, ata soki azalaki elenge mobali, Dawidi akendaki kobunda na Goliata na mopanga moko te, kasi kaka na mabanga mitano na ebale mpo ete andimaki Nzambe na tango nioso na Yisalele mpe bitumba ezalaki na Ye (1 Samuele 17). Nzambe Asalaki mpo ete libanga na Dawidi ebeta Goliata na mbunzu. Sima na kufa na Goliata, makambo mambongwanaki, mpe Yisalele azwaki elonga na kokoka.

Mpona kondima na ye makasi, Dawidi andimamaka "moto na lolenge na motema na Ngai" epai na Nzambe mpe lolenge na tata mpe muana na ye na lisanga na mozindo mpenza bakolobelaka makambo nioso, Dawidi akokaki kosilisa makambo nioso na Nzambe na pembeni na ye.

Biblia elobeli biso ete Nzambe Alobaki na Mose elongi na elongi. Ndakisa, nna tango Mose atunaka Nzambe mpona kotalisa ye elongi na Ye, Nzambe Asepelaki kopesa Ye eloko nioso asengaki 9Esode 33 :18). Lolenge nini Mose akokaki kozala na lisanga makasi mpe na penepene na Nzambe ?

Kala te sima na Mose kobimisa Bayisalele libanda na Ejipito, akilaka mpe asololaka mikolo ntuku minei likolo na ngomba na Sinai. Na tango kokita na Mose eumelaki, Bayisalele bamisalelaki ekeko oyo bakokaki kongumbamela. Na komona likambo oyo, Nzambe Ayebisaki Mose ete Akosilisa Yisalele nde Akosala na Mose libota monene" (Esode 32:10).

Na oyo Mose alelelaki Nzambe ete, "Bongwa, na nkele na Yo makasi mpe Bongola motema na ntina na mabe oyo Olingi kosala bato na Yo." (Esode 32:12). Mokolo elandi abondelaki lisusu Nzambe: "Bato oyo basali lisumumonene, bamisaleli nzambe na wolo. Nde sasaipi soki Olingi kolimbisa lisumu na bango; kasi soko boye te nasengi olongola nkombo na ngai kati na mokanda nay o mokomi yo (Esode 32:31-32) Nini nkamwa mpe makasi mabondeli na bolingo izalaki?

Lisusu, tomoni kati na Mituya 12:3 ete, ""Moto yango Mose azalaki na bopolo mingi, koleka moto nioso awa nan se. Mituya 12:7 etangi ete"ezali boye na moumbu na Ngai te, azali sembo na ndako na ngai mobimba." Na bolingo na ye monene mpe motema na bopolo, Mose akokaki koza;la sembo na ndako mobimba na Ye mobimba mpe asepela lisanga makasi elongo na Nzambe.

Mapamboli mpona bato oyo Bazali kotambola kati na Pole

Yesu, oyo Ayaka kati na mokili oyo lokola pole na mokili, Alakisaki kaka solo mpe Sango Malamu na Lola. Bato kati na misala na molili ba oyo bazali na moyini zabolo, nde, bakokaki kososola pole te ata tango elimbolalemaki. Kati na botelemeli na bango, bato kati na misala na molili bakokaki kondima pole te to mpe kozwa lobiko, kasi kutu bakendaki na nzela na kobebisama.

Baton a mitema malamu bamona masumu na bango, batubela na yango, mpe bazwaka lobiko na nzela na pole na solo. Na kolandaka posa na Molimo mosantu, bazali mpe kobota molimo na mokolo na mokolo mpe kotambola kati na pole. Kozanga bwanya to mpe makoki na ngambo na bango ezali lisusu likama te. Bakotia lisanga na Nzambe oyo Azali pole, mpe bakoyoka mongongo mpe kokambama na Molimo Mosantu. Bongpo makambo nioso makotambola malamu mpona bango mpe bakozwa bwanya na Lola. Ata soki bazali na ba kokoso oyo epanzani lokola ba singa na araigner, eloko moko te ekoka kotelemela bango mpona kosilisa likambo yango mpe epekiseli moko te ekoka koboyela bango nzela mpo été Molimo Mosantu Ye moko Akopesa bango mateya etape na etape.

Lokola 1 Bakolinti 3:18 esengi biso ete, "Tika te ete moto amizimbisa. Soko moto nani kati na bino akanisi ete azali na mayele na ekeke oyo, akoma elema ete azala moto na mayele," tosengeli kososola ete bwanya na mokili ezali bolema liboso na Nzambe.

Lisusu, lokola Yakobo 3:17 elobeli biso, "Nde mayele mauti na likolo, ezali liboso na peto, na nsima ezali na kimya mpe boboto, na kotosa noki, matondi na mawa mpe na mbuma malamu, na ntembe te, na bokosi mpe te." Na tango tokokisi kobulisama mpe kokei kati na pole, bwanya na Lola ekokitela biso. Na tango totamboli kati na pole, tokokoma mpe na etape esika wapi tozali na esengo ata soki tozangi, tozali koyoka lokola tozangi eloko moko te ata soki solo tozangi.

Ntoma Polo atatolaki kati na Bafilipi 4:11 ete, "Kasi nakoloba mpona bosenga te, pamba te nayekoli ete, nasepela na lolenge nini lozali na ngai. Lolenge moko soki totamboli kati na pole tokokokisa kimya na Nzambe, na wapi kimya mpe esengo ekopundja mpe ekosopana kati na biso. Bato oyo bamemaka kimya na bato misusu bakoswanaka soko bakozala na kowelana epai na libota na bango te. Kutu, lolenge bolingo mpe ngolu ekosopana kati na mitema na bango, matatoli na kopesa matondi ekotika soko ten a bibebo na bango.

Lisusu, na tango tozali kotambola kati na pole mpe tokokani na Nzambe na lolenge tosengeli, lokola Alobeli biso kati na 3 Yoane 1:2, "Molingami nazali kobondela ete opambolama na makambo nioso mpe ete ozala na nzoto makasi pelamoko ezali molimo nay o kopambolama," Tokozwa solo kaka mapamboli na kofuluka na makambo nioso te, kasi mpe mpifo, makoki, mpe nguya na Nzambe oyo Azali pole.

Sima na Polo kokutana na Nkolo mpe atambolaki kati na pole, Nzambe Andimelaki ye atalisa nguya na kokamwisa lokola ntoma na Bapaya. Ata soki Setefano to filipi bazalaki badskolo te to mpe moko na bayekoli na Yesu te, Nzambe, Asalelaki bango makasi mingi. Kati na Misala6:8, tomoni ete "Bongo, Setefano oyo atondaki na ngolu mpe na nguya, azalaki kosala bikamwiseli na bilembo minene na kati na bato., Kati na Misala 8:6-7, tomoni mpe, "Ebele na bato bitii motema moko na makambo malobi Filipo, wana eyoki bango ye, mpe etali bango bilembo bizalaki ye kosala. Mpo ete milimo na mbindo babimi na bato mingi na konganga na mongongo makasi, mpe bakakatani na bibosolo mingi babiki, mpe esengo monene ezalaki na mboka yango.

Moto akoki kotalisa nguya na Nzambe na lolenge eye ye abulisami na kotambolaka kati na pole mpe kokokana na Nkolo. Ezala kaka na bato moke ba oyo batalisa nguya na Nzambe. Monene na nguya na nguya kotalisama ekesanaki na moko epai na mosusu kolandana na lolenge nini moto na moto akokanaki na Nzambe oyo Azali pole.

Bongo Nazali Kobika kati na Pole?

Mpona kozwa mapamboli na nkamwa eye ezalaka likolo na

ba oyo bazali kotambola kati na pole, moko na moko kati na biso asengeli naino kosenga mpe komitala mpenza, "Nazali kotambola kati na pole?"

Ata soki ozali na kokoso na lolenge moko te, Osengeli komitala mpenza mpona komona soki obika bomoi na moto to piyo te kati na Christo, to mpe soki otikala koyoka te to mpe kotambwisama na Molimo Mosantu. Soki bongo, osengeli kolamuka na konimba nay o kati na molimo.

Soki olongola na lolenge moko boye eteni na mabe, osengeli ten a kozwa esengo; lokola muana akolaka na kokoma elenge, osengeli mpe kokoma na kondima na ba tata. Osengeli kozala na lisanga na mozindo makasi na Nzambe mpe lokola lokola boyokani na makasi elongo na Ye.

Soki bozalaki kokima na kobulisama, bosengeli kotala ata moke makasi na mabe etikalaki mpe kopikola yango. Mpifo monene oyo bokozwaka yango mpe ebele na moto bokokoma, bosengeli naino kosalela mpe koluka naino malamu na baninga. Na tango basusu, at aba oyo bazali nan se na bino, batalisi mabe na bino, bosengeli koyamba bango. Esika na koyoka nkaka mpe malamu te mpe kobwaka ba oyo bakendaki mosika na nzela na bato mpe bakosalaka mabe, kati na bolingo mpe bolamu bosengeli kondima mpe koningisa bango malamu. Bosengeli te kokitisa to kokangela nani nani nkanda. Soko te bosengeli kotala basusu mpamba kati na boyengebene na bino moko to mpe kobebisa kimya.

Natalisa mpe napesa bolingo ebele epai na bilenge na ngai, babola mingi, mpe na balembi mingi kati na bato. Lokola baboti oyo bakolandelaka mingi bana na bango ba oyobalemba koleka ba oyo bazali makasi, Nabondela makasi mingi mpona baton a likambo oyo, natikala kotala bango mpamba ata mbala moko te, mpe nameka kosalela bango kowuta na kati na motema na ngai. Ba oyo bazali kotambola kati na pole basengeli kozala na mawa mpona ata bato oyo basalaki mbeba makasi, mpe bakoka kolimbisa bango mpe kozipa mabe na bango esika na kotalisa yango.

Ata kati na kosala mosala na Nzambe, bosengeli te kotalisa to mpe kobimisa bolamu na bino moko to mpe makambo bokokisa, kasi bondima makasi na basusu na ba oyo bosalaki. Na tango makasi na bango mandimami mpe balobeli yango, bosengeli kozala na esengo koleka mpe na kosepela.

Bokoki bongo kokanisa boniboni Nzambe Akolinga ba oyo na bana na Ye ba oyo mitema mikokani na motema na Nkolo? Lolenge Atambolaki na Enoka ba mbula 300, Nzambe

Akotambola na bana na Ye ba oyo bakokani na Ye. Lisusu, Akopesa bango kaka mapamboli na nzoto malamu te kasi mpe lisusu makambo nioso makotambola malamu na biloko na bango nioso, kasi mpe nguya na Ye na oyo Akosalela bango lokola biluku na motuya.

Na boye, ata soki bozali kokanisa ete bozali na kondima mpe bolingo mpona Nzambe, tika ete bomitala boni kondima mpe bolingo na bino Ye Akondima, mpe botambola kati na pole mpo ete bomoi na bino ekoka kosopana na bilembo na bolingo na Ye mpe lisanga na Ye, na nkombo na Nkolo Yesu Christu nabondeli!

Liteya 5
Nguya na Pole

1 Yoane 1:5

*Oyo mpe ezali
nsango tosili koyoka epai na Ye,
mpe ezali biso kosakola bino
ete Nzambe Azali Pole
mpe molili ezali kati na Ye te*

Kati na Biblia, ezali na bisika mingi esika wapi ebele na bato bazwi lobiko, lobiko, mpe biyano na nzela na misala na solosolo na nguya na kokamwisa na Nzambe mitalisama na nzela na muana na Ye Yesu. Na tango Yesu Apesaki mitindo, malali na lolenge nioso mibikisamaki na mbala moko mpe makakatani mizwaki makasi mpe mizongaki malamu.

Bakufi miso bakokaki komona, balobaka te bakokaki koloba, mpe bayokaka te bakokaki koyoka. Moto na loboko ebeba abikisamaki, mokakatani azongelaki kotambola, mpe moto na mwela azwaki lobiko na ye. Lisusu, milimo mabe babimisamaki mpe bakufi basekwaki.

Misala oyo na nkamwa na nguya na Nzambe mitalisamaki kaka epai na Yesu te, kasi mpe epai na ebele na basakoli na Boyokani na kala mpe na bantoma na ekeke na Boyokani na Sika. Ya solo, kotalisama na nguya na nNzambe na nzela na Yesu ekokaki te kokokana na oyo na basakoli to na bantoma. Kasi, epai na bato ba oyo bakokani na Yesu mpe na Nzambe Ye mei, Apesa bango nguya mpe Asaleli bango lokola biluku na Ye. Nzambe oyo Azali pole Atalisaki nguya na Ye na nzela na ba diacres lokola Setefano mpe Filipi mpo ete bakokisaki kobulisama na kotambolaka kati na pole mpe kokokana na Nkolo.

Ntoma Polo Atalisaka Nguya Monene komonana lokola "Nzambe"

Kati na kotalisama na nguya na Nzambe kati na Boyokani na Sika, nguya na Polo ezalaki na mibale sima na oyo na Yesu. Ateyaka Sango Malamu epai na Bapaya, ba oyo bayebaki Nzambe te, mateya na mpifo miye milandisamaki na bilembo mpe bikamwa. Na nguya eye, Polo akokaki kotatola epai na Nzambe na solo mpe Yesu Christo.

Na kotala ete kongumbamela bikeko mpe bonganga izalaki makasi na tango wana, esengelaki kozala na bato misusu kati na bapaya ba oyo bazalaki kokosa basusu. Koteya Sango Malamu epai na baton a lolenge wana esengaki kotalisama na nguya na Nzambe iye eleki na mosika nguya na bonganga na lokuta mpe misala na milimo mabe (Baloma 15:18-19).

Kati na Misala 14:8 ti nan se ezali na likambo esika ntoma Polo ateyaka Sango Malamu na esika ebengami Lusutala. Na tango Polo apesaki motindo na moto oyo azalaki molema bomoi na ye mobimba. "Telema na makolo nay o alima!" moto atelemaki mpe abandaki kotambola 9Misala 14:11). Na tango bato bamonaki yango, batatolaki ete, "Banzambe na motindo na bato bakiteli biso" (Misala 14:11). Na Misala 28 ezali na esika wapi ntoma Polo ayaka kati na esanga na Malta sima na kobebisama na masua. Na tango asangisaki mua bakoni mpe atiaki yango likolo na moto, nyoka viper, oyo akimaki molunge, akangamaki na liboko na ye. Sima na komona yango, baton a esanga bazelaki ye avimba to mpe na kokweya mbala moko na kufa, kasi sima na eloko moko te kosalamela ye, bango balobaki Ye nzambe (et.6).

Mpo ete, ntoma Polo azalaki na motema oyo ezalaki na kokoka liboso na Nzambe, akokaki kotalisa mosala na nguya na Ye ata ete abengama nzambe epai na bato.

Nguya na Nzambe Oyo Azali Pole

Nguya epesamaka mpo ete moto moko azalaki na posa na yango te; epesamaka kaka epai na ba oyo bakokani na Nzambe mpe bakokisi kobulisama. Ata lelo, Nzambe Azali koluka baton a oyo Akoki kopesa nguya na Ye mpona kosalela bango lokola biluku na nkembo. Yango tina Malako 16:20 ebanzisi biso ete, "Bango mpe babimi, basakoli bipai nioso. Nkolo mpe Azalaki kosala na bango elongo, Alendisi Liloba na bilembo bizalaki kotalisama." Yesu mpe Alobaki na Yoane 4:48 ete, "Soko bokomonaka bilembo mpe bikamwa te, bokondimaka te."

Komema ebele na bato kati na lobiko esengaka nguya na

likolo iye ikoki kotalisa bilembo mpe bikamwa, yango nde ikotatola ete Nzambe Azali na bomoi. Na ekeke wapi masumu mpe mabe eluti mingi, bilembo mpe bikamwa misengami mpenza mpenza.

Na tango totamboli kati na pole mpe mpo tokomi moko na molimo na Tata Nzambe, tokoki kotalisa nguya monene oyo Yesu Atalisaki. Yango ezali mpo ete Nkolo na biso Alakaka ete," "Solo, solo nazali koloba na bino ete, ye oyo akondimaka Ngai, misala mizali Ngai kosala, akosala yango mpe lokola, mpe akosala yango ekoleka oyo mpo ete Ngai Nazali kokende epai na Tata" (Yoane 14:12).

Soki moto nani atalisi lolenge na nguya na mokili na molimo oyo ekoki kaka epai na Nzambe, nde asengeli kondimama lokola ya Nzambe. Lolenge Nzembo 62:11 ebanzisi biso ete, "Nzambe Alobi mbala moko, nayoki yango mbala mibale, ete nguya ezali ya Nzambe," Moyini zabolo mpe Satana bakoki te kotalisa nguya na lolenge oyo iye ezali kaka na Nzambe. Ya solo, mpo ete bazali bikelamo na molimo bazali na mguya likolo mpona kokosa bato mpe komema bango na kotelemela Nzambe. Kasi, likambo moko, etikali bosngo: ekelamo moko te akoki kokokisa nguya na Nzambe, na oyo Akambaka bomoi, kufa, lipamboli, bilakeli mabe, mpe lisituale na bato, mpe kokela eloko esika eloko ezali te. Nguya ezalaka na esika na Nzambe oyo Azali pole, mpe ekoki kaka kotalisama na bato oyo bakokisi kobulisama mpe bakomi na etape kati na kondima na Yesu Christu.

Bokeseni kati na Mpifo, Makoki, mpe Nguya na Nzambe

Na kolobela to mpe kotalisa makoki na Nzambe, bato mingi bazali kokokisa mpifo na makoki, to makoki na nguya; kasi ezali na bokeseni monene kati na yango misato.

Makoki ezali nguya na kondima na oyo eloko moko oyo ekoki ten a moto yango ekoki na Nzambe. "Mpifo" ezali nguya moko, na talo, na bokonzi oyo Nzambe Atia, mpe kati na mokili na molimo bozangi na masumu ezali nguya. Na lolenge mosusu, mpifo ezali kobulisama yango moko, mpe bana na Nzambe ba oyo balongola mpenza mabe mpe solo te kati na mitema na bango bakoki kozwa mpifo na molimo.

Nini bongo ezali nguya"? etalisi makoki mpe mpifo na Nzambe na oyo Ye Akopesalka na ba oyo bakimi mabe na lolenge nioso mpe babulisama.

Zwa oyo mpona ndakisa. Soki motambwisi azali na makoki na kokumba motuka, nde pulusu na nzela oyo asungaka kotambwisama na mituka azali na mpifo na komema motuka nioso, ete atia pembeni. Mpifo oyo epesamela pulusu na nzela mpona mituka na mbula matari. Ata bongo, ata soki motambwisi azali na makoki na kotambwisa motuka, mpo été azangi mpifo na pilusu na nzela mpona mituka, na tango pulusu akoyebisa motambwisi été atelema soko akende, motambwisi asengeli kotosa.

Na lolenge oyo, mpifo mpe makoki makeseni boye, mpe na tango mpifo mpe makoki masangani, tobengi yango nguya. Na Matai 10:1, tomoni ete "Yesu Abiangi bayekoli na Ye zomi na mibale epai na Ye mpe Apesi bango bokonzi likolo na milimo na mbindo ete babimisa yango mpe ete babikisa mpasi nioso mpe malali nioso." Nguya esangisi mpifo na kolongola milimo mabe mpe makoki na kobikisa malali mpe makakatani.

Bokeseni Kati na Likabo na Lobiko mpe Nguya

Ba oyo bamesana ten a nguya na Nzambe oyo Azali pole bamesana na kokokisa yango na likabo na lobiko. Likabo na kobikisa kati na 1 Bakolinti 12:9 etalisi mosala kozikisa ba malali mibandisama na ba virus. Ikoki te kobikisa kokufa matoyi mpe bozangi koloba oyo ibanda na kobebisama na nzoto to mpe kokufa na misisa na nzoto. Ba bokono na lolenge oyo mpe makakatani ikoki kobikisama kaka na nguya na Nzambe mpe na libondeli na kondima iye esepelisaka Ye. Lisusu, na tango nguya na Nzambe oyo Azali pole etalisamaka tango nioso, likabo na lobiko isalaka tango nioso te.

Na ngambo moko. Nzambe Apesaka likabo na lobiko na bango oyo, na kotalaka monene na kobulisama na motema te, na ba oyo balingaka mpe babondelaka mingi mpona basusu mpe milimo na bango, mpe ba oyo Nzambe Amonaka lokola na mpiko mpe buluku na kosalela. Kasi, soki likabo na kobikisa esalelami mpona nkembo na Ye te kasi na lolenge esengeli te mpe mponalifuti na moto ye moko, Nzambe solo Akozwa yango.

Na ngambo mosusu, nguya na Nzambe epesamaka kaka na ba oyo bakokisa kobulisama kati na motema; soki epesami, ekolembaka te to mpe kokawuka te mpo ete eluku ekosalela yango soko mpona lifuti na ye moko te. Kutu, na tango moto akokani na motema na Nkolo, nguya mpe monene ekopesamela ye na Nzambe. Soki motema mpe mpe bizaleli na moto ekomi moko na Nkolo, akoki ata kotalisa mosala se moko na nguya na Nzambe oyo Yesu Ye moko Atalisaka.

Ezali na bokeseni na ba lolenge nguya na Nzambe etalisami. Likabo na lobiko ikoki te kobikisa bokono makasi mingi to mpe malali emonanaka te mpe ezali pasi koleka mpona ba oyo na kondima moke été babikisama na likabo na lobiko. Kasi, na nguya na Nzambe oyo azali pole, eloko moko te ekoki te. Na tango mobeli akotalisa ata moke na kondima na ye, lobiko kati n na nguya na Nzambe ekosalema na mbala moko. Awa, « kondima' etalisi kondima na molimo na wapi moto moko akondimaka wuta katikati na motema na ye.

Bitape Minei na Nguya na Nzambe oyo Azali Pole

Na nzela na Yesu Christu oyo Azali lolenge moko lobi mpe lelo, moto nani nani oyo amonani eluku esengeli na miso na Nzambe akotalisa nguya na Ye.

Ezali na bitape mikesani kati na kotalisama na nguya na Nzambe. Na lolenge okokoba na kokokisa molimo, etape na likolo na nguya okokota mpe okozwa. Bato oyo miso na bango na molimo mafungwama bakoki komona bitape bikesana na kongegisama na ba pole kolandana na etape moko na moko na nguya na Nzambe. Bato lokola bikelamo bakoki kotalisa kino bitape minei kati na nguya na Nzambe.

Etape ya yambo na nguya ezali kotalisama na nguya na Nzambe na pole motane, yango ebebisaka na moto na Molimo Mosantu.

Moto na Molimo Mosantu epunjaka na etape yay ambo na

"*Natangisa mai na miso moi mpe butu.*
Nayokaka kutu pasi na koleka
na tango bato batalaki ngai
Lokola muana moke na SIDA."

Nkolo Abikisi ngai
na nguya na Ye
Mpe Apesi koseka na libota na ngai.
Nazali na esengo minngi sasaipi!

nguya etalisamaka na pole na motane ezikisaka mpe ebikisaka ba malali at aba germe mpe bokono na ba virus. Ba malali kosangisa cancer, malali na poumon, diabete, leukemia, malali na ba reins, arthrite, trouble na motema, mpe SIDa makoka kobikisama. Yango elobi te été ba bokono nioso totangi na liboso makoki kobikisama na nguya na etape na liboso. Ba oyo basi batelemaki libanda na mondelo na bomoi oyo Nzambe akata, lokola na makambo matali etape na suka na cancer to bokono na poumon, etape na liboso na nguya ekokoka te.

Kozongisama na biteni na nzoto oyo ebebisamaki to mpe ekoki ten a kosala malamu ekosengaka nguya monene koleka oyo ekobikisa kaka te kasi mpe kozongisa sika biteni na sika kati na nzoto. Ata na makambo eye, etape na kotalisa kondima na mobeli elongo na etape na kotalisa kondima na libota na ye, mpona bolingo mpona ye ekokata etape wapi Nzambe Akotalisa nguya na Ye.

Wuta ebandeli, ezala na ebele na kotalisama na etape na liboso na nguya na Egelesia Manmin Centrale. Na tango bato batosaki Liiloba na Nzambe mpe bayanbaki libondeli, ba bokono na lolenge nioso mpe na makasi mapetolamaki. Na tango bato basimbaki loboko na ngai to mpe basimbaki suka na elamba na ngai, bayambaki libondeli na nzela na musuale na wapi ngai nabondelaki, mpe libondeli na etiama kati kati na

"Namoni pole...
Sukasuka nabimi
na tunnel na ba mbula zomi na minei
Namitikaka ngai mpenza,
Kasi nabotamaki sika
na nguya na Nkolo!"

Shama Masaz na Pakistan,
akangolami na kokangama na mbula 14 na milimo mabe

repondeur automatique, to mpe na tango nabondelaki likolo na photo na mobeli, tomona lobiko na Nzambe mbala na mbala.

Mosala na etape yay ambo na nguya esuka kaka na kobebisa na moto na Molimo Mosantu te. Ata mpona ngonga, na tango moto abondeli na kondima mpe azwi inspiration, asimbami, mpe atondisami na Molimo Mosantu, moto nani nani akoki kotatlisa ata misala na nguya na Nzambe na likolo koleka. Ata bongo, yango ezali likambo na kosalema na tango moko kasi na tango nioso iye ifandisama kati na nguya na Nzambe te, yango esalemaka kaka na tango esengeli kati na mokano na Ye.

Etape na mibale na nguya ezali kotalisama na nguya na Nzambe na pole bleu.

Malaki 4:2 elobeli na biso ete, "Kasi mpona bino bato ba oyo bokotosaka Nkombo na Ngai, moi na boyengebene ekobimela bino na kobikisa kati na mapapu na yango; bokobima wana mpe bokopombwampunbwa lokola bana na ngombe kati na lopango." Bato oyo miso na molimo efungwama bakoki komona ebele na ba pole na ba laser kobimisaka minene na ba lobiko.

Etape na mibale na nguya ebenganaka molili mpe esikolaka bato ba oyo bakangemi na bademona, bakambami na Satana, mpe bakonzami na milimo mabe na ba lolenge lolenge. Ebele na ba bokono na moto miye mimemanaki na ba nguya na molili, ata autism, malali na ba nerfs, mpe misusu mibikisamaka na etape na mibale na nguya.

Ba bokono na lolenge eye makoki kopekisama siki "tokosepela tango nioso" mpe "tokopesa matondi na makambo nioso." Esika na kozala na esengo tango nioso mpe kopesaka matondi na makambo nioso, soki boyei na koyina basusu, kokangela nkanda, kokanisa lolenge esengeli te, kozwa nkanda na bopete, nde bokozala na makasi mingi te mpona ba malali eye. Na tango ba nguya na Satana, ba oyo bamemaka baton a kozwa makanisi mabe mmpe motema mabe, mibimisami, ba malali nioso mana na moto makosilisama na mbala moko.

Tango na tango, na etape na mibale na nguya na Nzambe, ba bokono na nzoto mpe makakatani makobikisama. Ba bokono na lolenge oyo mpe makakatani mimemama na misala na ba demona mpe na ba zabolo mikobikisama na pole na etape na mibale na nguya na Nzambe. Awa, "makakatani" matali etalisi kobebisama mpe paralisie na biteni na nzoto, lokola na makambo na ba oyo bakolobaka te, bakoyokaka te, bakotambolaka te, bakufa miso, bazali paralyzer wuta mbotama, mpe bongo na bongo.

Kobanda na Malako 9:14 ti nan se ezali na esika wapi Yesu Abenganaki "molimo na ebubu" kati na elenge mobali (et 20).

Elenge mobali oyo akomaki ebubu mpona molimo mabe kati na ye. Na yango Yesu abimisaki molimo yango, muana mobali abikisamaki na mbala moko.

Na lolenge moko, na tango tina na malali ezali nguya na molili, at aba demona, molimo mabe asengeli na kobimisama mpona mobeli kozwa lobiko. Soko moto azali konyokwama na mikakatano kati na libumu na ye likolo na malali na moto, tina na yango esengeli kopikolama na kobimisa nguya na Satana. Kati na bokono oyo lokola paralisie to mpe atrite, mosala na ba nguya na molili mpe ba sinzili na yango ekoki mpe komonana. Na tango mosusu ata soki kotalisama na minganga etalisi eloko moko na mabe kati na nzoto te, bato bazali konyokwama awa mpe awa kati na ba nzoto na bango. Na tango nazali kobondela mpona nani to nani oyo azali konyokwama na lolenge oyo, basusu oyo miso na bango na molimo efungwama bamesana komona ba nguya na molili na lolenge na ba nyama na nkele mingi kobima kati na nzoto na mobeli.

Likolo na ba nguya na molili iye izwamaka kati na ba malali mpe makakatani, etape na mibale na nguya na Nzambe, oyo Azali pole, ekoki mpe kobimisa ba nguya na molili imonani kati na ndako, bombongo, mpe mosala. Na tango moto oyo akoki kotalisa etape na mibale na nguya na Nzambe akei kotala ba

"Oh, Nzambe!
Boni ekoki kosalema?
Boni boni ngai nakoka kotambola?

Muasi mobange na Kenya ayei na kotambola kaka sima na libondeli na etumbelo.

wana konyokwama na banyokoli na ndako to mpe na bombongo, lokola molili ekobenganama mpe pole ekiti likolo na bato, mapamboli kolandisama na misala na bango ikokitela bango.

Kosekwisa bakufi to mpe kosilisa bomoi na moto kolandana na mokano na Nzambe ezali mosala na etape na mibale na nguya na Nzambe mpe lokola. Makambo malandi mazali mpe kati na ngambo oyo: Ntoma Polo kosekwisa Yutuku (Misala 20:9-12); Anania mpe Safilakokosa na Ntoma Petele mpe lifuti na yango katu na kufa na bango ezwami kati na (Misala 5:1-11); Mpe Elisa kolakela mabe na bana, yango mpe esukaki na kufa na bango (2 Mikonzi 2:23-24).

Kasi bongo ezali na bokeseni makasi kati na mosala na Yesu mpe oyo na ba ntoma Polo mpe Petelo mpe Mosakoli Elisa. Suka suka, Nzambe lokola Nkolo na milimo nioso Asengeli na kopesa nzela soki moto asengeli kobika to mpe kokufa. Kasi, wuta Yesu mpe Nzambe bazali moko mpe lolenge moko, oyo elingaki Yesu ezalaki oyo Elingaki Nzambe. Yango tina Yesu Akokaki kosekwisa mokufi kaka na kopesa bango motindo na Liloba na Ye (Yoane 11:43-44), na tango basakoli misusu mpe ba ntoma basengelaki kotuna mokano na Nzambe mpe kondima na Ye mpona kosekwisa moto.

"Ata nalingaki te kotala nzoto na ngai
yango elambamaki mpenza...

Tango Nazalaki ngai mpamba...
Ayaki epai na ngai...
Asembolaki loboko na Ye...
mpe Atiaki ngai na ngomba na Ye...

Na bolingo mpe na kompasi na Ye
Nazwi bomoi na sika...
Bongo ezali na eloko...
Nakoki te kosalela Nzela?"

,Diaconese Mokolo Eundeuk Kim,
mobikisami na kozika na degrer na misato
longwa moto kino na makolo

Etape na misato na nguya ezali kotalisama na nguya na Nzambe na pole pembe to eye ezangi langi, mpe elandisama na bilembo na lolenge nioso mpe na mosala na kokela.

. Na etape na misato na nguya na Nzambe oyo Azali pole, bilembo na lolenge nioso mpe mosala na kokela mikotalisama. Awa, "bilembo" elakisi ba lobiko na wapi bamonaka te bayei na komona, balobaka te bayei na koloba, mpe bayokaka te bayei na koyoka. Bakakatani batelemi mpe batamboli, makolo mikuse makomi milai, mpe paralisie na bomwana to mpe likama na bongo ezwi lobiko. Nzoto ebebisama to mpe ebanda kopola wuta mbotama ekomi malamu. Mikua mipanzanaka mizongi esika moko, mikua mizangaka mikelami sika, ba lolemo mikuse ikoli, mpe misisa mizongi bisika misengelaki kozala. Lisusu, mpo ete pole na etape na liboso, na mibale, mpe na misato na nguya na Nzambe mizali kotalisama na mbala moko na etape na misato, malali to mpe makakatani moko te ikomema likambo.

Ata soki moto azikisami longwa moto kino na makolo mpe ba celules mpe misisa ma ye mizikisami, to soki mosuni na ye na nzoto elambami na mai na moto, Nzambe Akoki kokele nioso na sika. Lolenge Nzambe Akoki kokela eloko moko esika eloko ezali te, Akoki kobongisa biloko oyo ininganaka te lokola masini, mpe lisusu biteni na nzoto miye mizali lisusu malamu te.

Na Manmin Egelesia Centrale, na nzela na libondeli na musuale to mpe libondeli na repondeur automatique, biteni na kati miye misalaki malamu te to mpe mibebisamaki makasi mikozongaka malamu. Lokola ba pomon miye mibebisamaki makasi mikozonga malamu. Mpe mikuwa na loketo misengelaki kolongolama mpe mitema miye moisengelaki kolongolama mikozonga malamu, na etape na misato na nguya na Nzambe, mosala na nguya na kokela mizali kotalisama na suka te.

Ezali na eloko moko esengeli kokesanisama malamu mpenza. Na ngambo moko, soki eteni na nzoto oyo ezalaki na kolemba ezongi malamu, yango ezali mosala na etape na liboso na nguya na Nzambe. Na ngambo mosusu, soki mosala na eteni na nzoto iye ezalaki na elikya moko ten a kobonga ezongi malamu to mpe ekelami lisusu, yango ezali mosala na etape na misato na nguya na Nzambe, nguya na kokela.

Etape na Minei na nguya ezali kotalisama na nguya na Nzambe na pole na langi wolo, yango ezali suka na nguya.

Lolenge tokoki koloba na misala na nguya etalisamaka na Yesu, etape na minei na nguya ekonzaka makambo nioso, ekonzaka ba tango, mpe ememaka ata biloko bikoninganaka te ete mitosa. Kati na Matai 21:19, na tango Yesu Alakelaki nzete na mosuke mabe, tomoni ete, "na mbala moko nzete ekaukaki." Na Matai 8:23 kino likolo ezali na esika wapi Yesu Apamelaki mipepe mpe ba mbonge, mpe ezwaki mpenza kimya. Ata mokili mpe biloko na lolenge eye ikoninganaka te lokola mopepe mpe mai monana itosaki na tango Yesu Apesaki miango mitindo.

Na tango moko Yesu Alobelaki Petelo akenda na mai mozindo, mpe abwaka maluba mpona kokanga mbisi, mpe na tango Petelo Atosaki, akangaki ebele na ba mbisi ete maluba na ye mabandaki na kopasuka (Luka 5:4-6). Na ngonga mosusu, Yesu Alobelaki na Petelo ete, "kende na libeke mpe bwaka ndobo mpe kamata mbisi na liboso oyo ekoya na likolo; fungola monoko na yango mpe okozwa lopata. Kamata yango mpe pesa yango epai na bango mpona bino na Ngai" (Matai 17:24-27).

Lolenge Nzambe Akelaka biloko nioso kati na univer kaka na Liloba na Ye, tango Yesu Apesaki motindo na univer, etosaki Ye mpe ekomaki solo. Na lolenge moko, na tango tozwi kondima na solosolo, tokozala sure na oyo tozali kolikya mpe na kondimela makambo oyo tomoni te (Baebele 11:1), mpe mosala na nguya iye ikelaka makambo nioso wuta na eloko te ikotalisama.

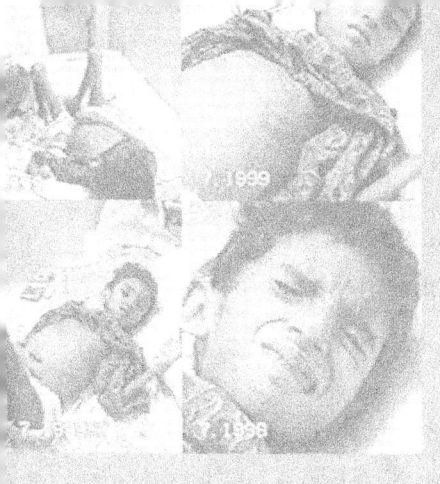

Ezali pesa pasi makasi
azali mpenza posi
ete nakoki te kolingola miso na
ngai.
moko te ayebaki mai nazalaka
koyoka.
kasi Nkolo Ayebaki yango noso
Mpe Abikisaki ngai.

Cynthia na Pakistan

Lisusu loleka, na etape na minei na nguya na Nzambe, mosala etalisamaka likolo na tango mpe esika.

Kati na kotalisama na Yesu na nguya na Nzambe, moke kati na yango elekelaka tango na esika. Na Malako 7:24 kino na nse ezali na esika wapi mwasi abondeli Yesu ete Abikisa muana na ye na mwasi oyo akangemaki na milimo mabe. Na kotalaka komikitisa mpe kondima na muasi oyo, Yesu Alobelaki ye ete, "Na ntina na monoko oyo kenda na yo, molimo mabe mosili kobima na mwana mwasi na yo" (v.29). Na tango mwana mwasi azongaki ndako, amonaki muana na ye kolala na mbeto, mpe molimo mabe akendaki.

Ata soki Yesu Akendaki kotala moko na moko na babeli te, na tango Amonaki kondima na mobeli mpe Apesaki motindo, ba lobiko oyo elekelaka tango mpe esika esalemaki.

Yesu kotambola likolo na mai, yango ezali mosala na nguya oyo Ye mei Atalisaki, yango mpe etalisaki ete biloko nioso kati na univer ezali na nse na nguya na Yesu.

Lisusu, Yesu Alobeli biso kati na Yoane 14:12 ete, "Solo, solo, Nazali koloba na bino ete ye oyo akondimaka Ngai, misala mizali Ngai kosala akosala yango mpe lokola, mpe akosala yango mpe ekoleka oyo, mpo ete nakokenda epai na Tata." Lolenge Atalisi biso, solo misala na kokamwisa na nguya na Nzambe mizali kotalisama na Egelesia Manmin Centrale.

Ndakisa, bikamwa na lolenge na lolenge esika wapi tango etelemi misalemaka. Na tango nabondelaka, mbula makasi etikaka na ngonga moko; lipata molili makasi ekolongwa; mpe likolo oyo ezangaki mapata ekotondisama na yango na ngonga moko. Ezala mpe na ba tabgo wapi biloko izanga bomoi kati na yango ikotosaka libonde;I na ngai. Ata na esika na carbon iye ekoki kobebisa bomoi na moto na kombo na monoxide, minite to mpe mibale sima na motindo na ngai, moto oyo azangaka conscience aya na kozongela mpe anyokwamaki na pasi ekolandaka te. Na tango nabondelaki mpona moto oyo azalaki konyokwama na kozika na etape na misato, "sensation na kozika, ekolongwa," moto yango ayokaki lisusu eloko na pasi te.

Lisusu, mosala na nguya na Nzambe iye elekelaka tango mpe esika ezali mosalema na monene koleka mpe na kolekela mpenza. Likambo na Cynthia muana mwasi na Rev. Wilson John Gil, Pasteur titulaire na Egelesia Manmin na Pakistan ekomonan mpenza. Na tango nabondelaki mpona Cynthia likolo na Photo na ye na Seoul, Coree, muana mwasi oyo minganga basi balembaki, azongelaki nokinoki kobanda tango Nabondelaki mpona ye na mosika mingi mpenza koleka.

Na etape na minei na nguya, nguya na kobikisa ba bokono, kobimisa ba nguya na molili, kotalisa bilembo mpe bikamwiseli, mpe kopesa mitindo na biloko nioso mpona kotosa- misala misangisama na bitape nay ambo, na mibale, mpe na misato, mpe na minei na nguya na Nzambe- mikotalisama.

Nguya etombwama Likolo Koleka na Kokela

Biblia ekomi kotalisama na nguya na Yesu oyo ezali likolo na etape na minei. Esika oyo na nguya, Nguya etombwami na Koleka, ezali bobele na Mokeli. Nguya oyo ekotalisama na etape moko te esika wapi bato bakoki kotalisa nguya na Ye (Nzambe). Kutu, ewutaka kati na Pole na Ebandeli iye Izalaki kongengisa na tango Nzambe Azalaki Ye moko.

Na Yoane 11 Yesu Apesi Motindo na Lazalo oyo akufaka mikolo minei mpe oyo nzoto ebebaki na solo makasi. "Lazalo bima" Na motindo na Ye moto mokufi abimaki, maboko mpe makolo ma ye makangami na biteni na bilamba petepete, mpe elamba ezingi elongi na ye (et. 43-44).

Sima na moto kolongola mabe na lolenge nioso, abulisami, mpe ayei kokokana na motema na Tata na ye Nzambe, mpe ambongwani na molimo na kokoka, akokota na mokili na molimo. Na koleka ye akosangisa mayele na mokili na molimo, likolo koleka mpe kotalisama na nguya na Nzambe ekomata likolo na etape na minei.

Na tango wana, akokoma na etape na ngiya, nguya oyo ekoki kaka kotalisama na Nzambe Misato, yango ezali nguya etombwami koleka na Kokela. Na tango moto akokisi yango na mobimba,, lokola na tango Nzambe Akelaka biloko nioso kati na univer na Motindo na Ye, akotalisa mpe misala na kokamwisa na kokela.

Ndakisa na tango akopesa motindo na moto amonaka te ete, "Fugola Miso nay o," miso na mokufi miso mikofungwma na mbala moko. Na tango apesi motindo na moto oyo akolobaka te, "Loba' moto oyo alobaka te akoloba na ngonga wana moko. Na tango apesi motindo na mokakatani ete, "Telema," mokakatani akotambola mpe akokima mbangu. Na tango akopesa motindo, bilembo mpe biteni na nzoto miye mibanda na kopola mikozongisama sika.

Yango ekokisamaka na pole mpe na mongongo na Nzambe, oyo Azala lokola pole mpe mongongo wuta ebandeli na tango. Na tango nguya eye ezanga suka na kokela kati na pole ebimisami na mongongo mongongo, pole ekokita mpe mosala ekosalema. Yango ezali lolenge mpona bato, ba oyo baleki mondelo na bomoi oyo Nzambe Atia, mpe bokono mpe makakatani miye mikoki te kobikisama na etape nanguya na liboso, na mibale, to na misato, bakoki kobikisama.

Kozwa Nguya na Nzambe oyo Azali Pole

Lolenge nini tokoki kokokana na motema na Nzambe oyo Azali pole, bazwa nguya na Ye, mpe bamema ebele na baton a nzela na lobiko?

Yambo, tosengeli te kaka kokima mabe na lolenge nioso mpe tokokisa kobulisama, kasi mpe kokokisa bolamu kati na motema mpe kolikia na bolamu eleki likolo.

Soki otalisi elembo moko ten a koyoka mabe to mpe na malamu te mpona moto oyo amemaka kokoso makasi mingi kati na bomoi nay o to mpe asala yo mabe, okoki solo koloba ete okokisi bolamu na motema? Soki te, yango ezali likambo te. Ata soki ezali na koningana Ningana na motema te to mpe lolenge na koyoka mabe te mpe bokozela mpe kokanga motema, na miso na Nzambe yango ezali kaka etape ya liboso na bolamu.

Na etape etombwami likolo koleka na bolamu, moto akoloba mpe akosala na lolenge na kosimba bato oyo bakomemaka kokoso na bomoi na ye to mpe kosala ye mabe. Na bolamu na likolo koleka oyo Nzambe Asepelaka na yango, moto asengeli kokoka kopesa bomoi na ye moko mpona bayini na ye moko.

Yesu Akokaki kolimbisa bato oyo bazalaki kobaka Ye na ekulusu mpe mpona bato yango Akabaka bomoi na Ye mpo ete Azalaka na bolamu eleki likolo. Mose na Ntoma Polo bazalaka na posa na kopesa bomoi na bango mpona bato ba oyo bazalaki kolinga koboma bango.

Na tango Nzambe Alingaka koboma baton a Yisalele, ba oyo batelemelaki Ye na kongumbamela bikeko, koyimayima, mpe bakangelaki Ye nkanda ata soki ete bamonaki bilembo mpe bikamwa minene, lolenge kani Mose ayanolaki? Alelelaki mpenza Nzambe makasi ete: "Nde sasaipi soki Olingi kolimbisa lisumu na bango-; kasi soko boye te nabondeli Yo ete Olongola nkombo na ngai na mokanda na Yo mokomi Yo." (Esode 32:32) Ntoma Polo mpe azalaki lolenge moko. Lolenge Atatolaki na Baloma 9:3, ete "Nalingaki ete nalakelama mabe ete natangwa longwa na Christu mpe na bandeko na ngai baoyo bazali libota moko na ngai na nzela na nzoto," Polo akokisama bolamu eleki likolo nde bongo misala na nguya monene na Nzambe mizalaki tango nioso kolanda ye.

Elandi, tosengeli kokokisa bolingo na molimo.

Bolingo ekokisama makasi na lelo. Ata soki ebele na bato

bakomilobelaka ete, "Nalingi yo," na koleka na tango, tokomona ete ebele na bolingo eye ezali bolingo na mosuni iye ikombongwanaka. Bolingo na Nzambe ezali bolingo na molimo iye ekongalaka mokolo na mokolo, mpe elimbolami na mozindo kati na 1 Bakolinti 13.

Yambo, "Bolingo ekangaka motema [mpe] bolingo ezali malamu. Ekoyokaka zua te." Nkolo na biso Alimbisa masumu na biso nioso mpe ba mbeba, mpe afungola nzela na lobiko na kozelaka na kokanga motema na ba oyo bakoki kolimbisama te. Kasi, ata soki tokotatola bolingo na biso mpona Nkolo. Bongo ezali biso mbangumbangu mpona kotalisa mabe mpe masumu na ba ndeko na biso basi mpe babali? Tozali mbangu mpona kosambisa mpe kokatela basusu na tango eloko to moto moko ezali na kolinga na biso te? Tozala na zua mpona moto oyo bomoi ezali kokende malamu to mpe tomolembisa?

Elandi, bolingo "Bolingo ekomilakisaka te, ezali na lolendo te" (et.5) Ata soki tokoki komonana lokola tozali kopesa nkembo na Nkolo na libanda, soki tozali na motema oyo elukaka kondimama epai na basusu, komitalisa, mpe kotala basusu pamba to mpe kolakisa bango mpo ete ebonga na biso to mpe mpifo na biso, ekozala komimatisa to mpe kozala na lolendo.

Lisusu, bolingo "ekosalaka na nsoni te; ekolukaka malamu na yango mpenza te, ezali na nkanda te, ekobombaka mabe na motema te." (et.5). Bizaleli na biso mabe liboso na Nzambe mpe bato, mitema na biso ekenze mpe makanisi na biso oyo ikombogwanaka na pete, makasi na bison a kozala likolo ata soki esengeli na basusu kokweya, mitema na biso koyoka malamu te na pete, lolenge na bison a kokanisa lolenge esengeli te mpe mabe na baninga, mpe bongo, na bongo, mizali bolingo te.

Lissusu, bolingo "Ikosepelaka na mabe te, kasi ikosepela na solo" (v.6). Soki tozali na bolingo, tosengeli tango nioso kotambola mpe kosepela kati na solo. Lokola 3 Yoane 1:4 elobi été, "Nazali na esengo oyo eleki oyo te été nayoka été bana na ngai bazali kotambola kati na solo."

Solo esengeli kozala môto na kosepela mpe na esengo na biso.

Ya suka, bolingo "Ekomemaka makambo nioso, ekondimaka nioso, ekolikyaka nioso, ekoyikaka nioso mpiko." (et.7). Ba oyo balingaka solo Nzambe bayaka na koyeba mokano na Nzambe, mpe bongo bayaka na kondima makambo nioso. Lolenge bato bakotalaka liboso mpe bakondimaka makasi na kozonga na Nkolo na biso, lisekwa na bandimi, makabo na Lola, mpe bongo na bongo, bakolikya makambo likolo, bakokanga motema na mikakatani nioso, mpe bakoyika mpiko mpona kokokisa mokano na Ye.

Mpona kotalisa bilembo na bolingo na Ye mpona ba oyo batosaka solo lokola bolamu, bolingo, mpe misusu lolenge ekomama kati na Biblia, Nzambe oyo Azali pole Akopesa bango nguya na Ye lokola libonza. Azali mpe na mposa makasi mpona koyanola b oyo nioso bazali koyika mpiko na kotambola kati na pole.

Na boye, na komisosola bino mpenza mpe na kokokitisa motema, tika ete bino ba oyo bolingi kozwa mapamboli mpe bolingo na Nzambe bokoma ba biluku mibongisami liboso na Ye mpe bomona nguya na Nzambe, na nkombo na Nkolo na biso nabondeli!

Liteya 6
Miso na Bakufi Miso Mikofungwama

Yoane 9: 32-33

*Longwa na ebandeli, eyokami
naino tete moto
afungoli miso na
oyo abotami na miso makufi.
Soko moto oyo awuti na Nzambe te,
akoki kosala eloko te*

Kati na Misala 2:22, Moyekoli na Yesu Petelo, sima na ye koyamba Molimo Mosantu, asololaki na Bayuda na kotatola liloba na mosakoli Yoele. "Mibali na Yisalele boyoka maloba oyo. Yesu na Nasalete Azalaki Mobali oyo Nzambe Atalisi kati na bison a misala na nguya, na bikamwiseli, na bilembo, bisali Nzambe na maboko na Ye na kati na bino, lolenge moko bino mpenza boyebi." Kotalisama monene na nguya na Yesu, bilembo, mpe bikamwa izalaka bilembo na kotatola ete Yesu Moyuda oyo Abakamaki na ekulusu azalaki solo Mesia oyo boyei na Ye elobamaka kati na Boyokani na Kala.

Lisusu, Petelo ye moko ayaki na kotalisa nguya na Nzambe sima na ye kosila koyamba mpe kotondisama na nguya na Molimo Mosantu. Abikisaki mosengi mokakatani (Misala 3:8), mpe bato bamemaki ata babeli kati na nzela mpe balalisaki bango na ba mbeto mpe bitoko mpo ete ata elili na Petelo ekoka kokweila na moke kati na bango na tango azalaki koleka (Misala 5:15).

Mpo ete nguya ezali eloko oyo etalisaka kozala na Nzambe na moto oyo azali kotalisa nguya mpe nzela na malamu eleki mpona kolona nkona na kondima kati na mitema na ba oyo bandimela te, Nzambe Apesa nguya na ba oyo Amona ete bakoka.

Yesu Abikisi Moto Abotama na Miso Komona Te

Lisolo na Yoane 9 ebanda na tango Yesu Akutana na moto oyo abotama na miso ekufa na nzela na Ye. Bayekoli na Yesu balingaki koyeba mpona nini mokufi miso akokaki komona te wuta mbotama na ye "Molakisi, nani asalaki lisumu moto oyo soko baboti na ye ete abotami na miso makufi?"(et.2) Na kozongisa, Yesu Alimbolelaki bango ete moto abotamaki na miso makufa mpo ete mosala na Nzambe ekoka kosalema kati na bomoi na ye (v.3). Nde bongo, abwakaki soi na mabele, asalaki potopoto na soi na ye, atiaki yango na miso na moto yango, mpe Apesaki motindo na moto mobotami miso mikufa ete, "Kenda, kosokola miso na liziba na Siloama" (vv. 6-7). Na tango moto atosaki na mbala moko mpe asukolaki kati na liziba na Siloama, miso ma ye mafungwamaki.

Ata soki ezali na bato mingi kati na Biblia ba oyo Yesu Abikisaki, ekeseni moko esalaki ete moto oyo abotami miso kokufa azala pembeni na basusu. Moto oyo abondelaki Yesu te mpona kobikisa ye; kutu, Yesu Ayaka epai na moto mpe Abikisaki ye mpenza mpenza.

Bongo tina nini, moto oyo abotama na miso kokufa azwaki ngolu ebele boye?

Yambo, moto azalaki na botosi.

Epai na moto na lolenge nioso, eloko moko ten a oyo Yesu Asalaka- Kobwaka na Ye soi na mabele, kosala potopoto, kotia potopoto na miso na mokufi miso, mpe koyebisa moto ete akende kosukola na liziba na Siloama- ezali na sense te. Makambo na baton a bongo endimi te ete moto oyo akoka kondima ete miso na moto oyo abotami na miso kokufa ekoka kofungwama sima na kotia mua potopoto mpe kosukola yango na mai.Lisusu soki moto yango ayokaka mobeko oyo na kozanga koyeba nani Yesu Azalaki, ye mpe mpe bato mingi batikalaki balingaki kaka koboya kondima te, Kasi mpe balingaki kozwa nkanda. Kasi moto oyo atosaki mpe akendeki kosukola miso ma ye na liziba na Siloama. Sukasuka mpe na kokamwisa, miso ma ye miye mikangemaka wuta na tango na mbotama na ye, mifungwamaki sik'awa mpona mbala liboso mpe ye abandaki komona.

Soki bokanisi ete Liloba na Nzambe ekokani ten a makanisi na bongo na bato, meka kotosa Liloba na Ye na motema ekitisama lolenge na moto mobotami mokufi miso oyo. Bongo ngolu na Nzambe ekokitela bino, mpe lolenge miso na mokufi miso ifungwamaki, bokomona mpe makambo na kokamwisa.

Mibale, na mbala moko miso na molimo na mokufi miso, iye ekokaki kososola solo na solo te, mifungwamaki.

Kobanda lisolo oyo elongo na Bayuda sima na ye kobika, tokoki kom ona ete na tango miso na mosuni na mokufi miso mizakaji na kokangama, kati na bolamu na motema akokaki olobela malamu na mabe. Na bokeseni, Bayuda bazalaki bakufi miso na molimo, ba oyo bakangamaki kati na bizaleli na mobeko. Na tango Bayuda basengaki mpona koyeba na mozindo likolo na lobiko, moto oyo azalaka mokufi miso ye atatolaki ete, "Moto oyo babiangi Yesu Asali potopoto mpe apakoli miso ma ngai mpe Alobi na ngai ete,'Kenda na Siloama mpe sukola'; boye esili ngai kokenda mpe kosukola, namoni" (v,11).

Na kozanga kondima, na tango Bayuda batalisaki lisusu moto yango oyo azalaka na miso mikufa, "Nini bolobi mpona ntina na Ye, mpo ete Afungoli miso na yo?" moto yango azongisaki ete, "Azali mosakoli" (v.17). Moto akanisaki ete soki Yesu Azalaki na nguya ekoka mpona kofungola miso mikufa, Asengelaki kozala moto na Nzambe. Na kotioala Bayuda bapamelaki ye moto yango ete: "Pesa nkembo na Nzambe, biso toyebi ete moto yango azali na masumu" (et.24).

Boni tina te litatoli na bango ezali? Nzambe Ayanolaka libondeli na mosumuki te, Mpe Apesaka nguya na moto na masumu te mpona kofungola miso na mokufi miso mpe Azwa nkembo. Ata soki Bayuda bakokaki soko kondima to mpe kososoola yango, moto oyo azalaki na miso kokufa akobaki na kotatola mpe na koloba solo ete: "Toyebi ete Nzambe Akoyoka baton a masumu te; nde soko moto akotosaka Nzambe mpe, mpe akosalaka mokano na Ye, Nzambe Akoyokamela Ye. Longwa na ebandeli, eyokami naino te ete moto afungoli miso na oyo abotami na miso makufi.Soko moto oyo Auti na Nzambe te akoki kosala eloko moko te" (et. 31-33).

Lolenge miso moko te mokufa etikala na kofungwama te longwa na tango na kokela, moto nani nani ayokaki sango oyo na muana mobali oyo asengelaki na kosepela mpe na kosanjola elongo na ye. Kasi, kati na Bayuda ebimisamaki lolenge na kosambisa, kokatela mabe, mpe kotelemela. Mpo ete Bayuda bazalaki mpenza na bozangi koyeba na molimo, bakanisaki ete mosala na Nzambe yango moko ezalaki mosala na kotelemela Ye. Kasi Biblia elobeli biso ete, kaka Nzambe Akoki kofungola miso na mokufi miso.

Nzembo 146:8 etalisi biso ete "Yawe Akofungola miso na ba oyo bakufi miso, Yawe akotelemisa bakumbami; n Yawe Alingi bayengebeni, Na tango Yisaya 29:18 elobeli biso ete, "Na mokolo yango bbakufeli matoi bakoyoka maloba na mookanda; mpe longwa na molili mpe butu na bango, miso na bakufeli miso ikomona polele." Yisaya 35:5 elobeli mpe biso ete, "Bongo miso na bakufeli miso makofongolama, mpe matoi na bamimi makofongwama." Awa, "Na mokolo yango" mpe "Bongo" etalisi tango Yesu Akoya mpe Akofungola miso na bakufi miso.

Kasi ata ete makomi oyo matalisi mpe masosolisi, kati na koboya na bango mpe na mabe na bango, Bayuda bakokkaki te kondima mosala na Nzambe miye mitalisami na nzela na Yesu, mpe kutu balobaki ete Yesu Azalaki mosumuki oyo atosaki te Liloba na Nzambe. Ata soki moto oyoo azalaki na miso makufa azalaki na boyebi monene na mobeko te, kati na motema na ye malamu ayebaki solo: ete Nzambe Ayanolaka baton a masumu te. Moto yango mpe ayebaki ete lobiko na miso mikufa ekokaki kosalema kaka na Nzambe.

Misato, sima na kozwa ngolu na Nzambe, moto oyo akufaki miso ayaki liboso na Nkolo mpe azwaki ekateli na kobika bomoi mobimba na sika.

Kino na mokolo na lelo, na mona mbala na mbala makambo esika wapi bato na mondelo na liwa bazwaki makasi mpe biyano na mikakatano na ba lolenge nioso kati na bomoi na bango na Egelesia Manmin Centrale. Nazali komilela, kasi, mpona bato oyo mitema na bango imbongwani ata sima na bango kozwa ngolu na Nzambe mpe na basusu ba oyo ba bwakisa kondima na bango mpe bazonga na ba lolenge na mokili. Na tango bomoi na

"Mama,
ezali mpenza kozipa miso...
mpona mbala liboso,
Nazali komona pole...
Natikala kokanisa te ete
oyo ekokomela ngai..."

Jennifer Rodriguez na Philippines,
oyo akufa miso wuta mbotama,
Ayaka na komona mpona mbala liboso sima na ba mbula mwambe

bango ezali kati na pasi mpe na mitungisi, baton a lolenge eye bayaka kobondela na mai na miso, « Nakobika kaka mpona Nkolo soki kaka nabiki. » Na tango bazwi lobiko mpe mapamboli, na kolanda na lifuti na bango moko bato oyo babwakisaka ngolu na Nzambe mpe bakolongwa mosika na solo. Ata soki mikakatano na bango na nzoto ekosila, ezali pamba mmpo ete milimo na bango milongwe na nzela na lobiko mpe izali sasaipi na nzela na bango na Lifelo.

Moto oyo oyo abotamaki na miso makufa azalaki na motema malamu ete akoka kobwakisa ngolu te. Yangon a tango akutanaki na Yesu, Abikisamaki kaka na kozanga koomona te kasi mpe lisusu azalaki na kondima ete azwaki lipamboli na lobiko. Na tango Yesu Atunaki ye ete, "Bongo, ozali kondimela Muana na Moto?" moto ayanolaki ete, "Nani Ye Nani, Nkolo, ete ngai nakoka kondimela Ye" (et. 35-36). Na tango Yesu Ayanolaki ete, "Osili komona Ye, Ye oyo Azali kosolola na yo," moto yango atatolaki ete, "Nkolo, namdimi" (et. 37-38). Moto yango andimaki kaka te; ayambaki Yesu lokola Christu. Ezalaki litatoli makasi na moto na oyo azwaki ekateli na kolanda kaka Nkolo mpe kobika kaka mpona Nkolo.

Nzambe Alingi biso nioso toya liboso na Ye na motema na lolenge eye. Alingi biso toluka Ye kaka te mpo ete Abikisaka ba bokonoo na biso mppe Apambolaka biso. Alikyaka mpona biso kososola bolingo na Ye na solo iye ezanga te kopesa Muana na Ye

"Motema na ngai ememaki ngai na esika eye...
Nalikyaki nse na ngolu...

Nzambe Apesaki ngai likabo monene.
Nini ekopesa ngai esengo eleka
 likolo na komona
ezali ete
 nakutani na Nzambe na bomoi!"

Malia na Honduras,
oyo abungisakia komona na liso na ye na mobali
Na tango azalaki na mbul mibale,
Ayaka na komona sima na koyamba libondeli
na Dr. Jaerock Lee

se moko na likinda mppona biso mpe toyamba Yesu lokola Mobikisi na biso. Lisusu, tosengeli na kolinga Ye kaka na bibebo na biso te kasi mpe na misala na biso na Liloba na Nzambe. Alobeli biso kati na 1 Yoane 5:3 ete, "Mpo ete bolingo na Nzambe ezali boye, ete tokokisa malako ma Ye' mpe Malako ma Ye mazali na bozito te." Soki solo tokolinga Nzambe, tosengeli kolonngola makambo nioso mazali mabe kati na biso mpe totambola kati na pole mokolo nna mokolo.

Na tango tolosenga na nzambe mpona nini to nini na kondima mppe bolingo na lolenge oyo, boni Ye Akoka koyanola biso te? Kati na Matai 7:11 lolenge Yesu Alakaki biso ete, "Boye soko bino bato mabe, boyebi kopesa bana na bino makabo malamu, Tata na bino na likolo Akoleka te kopesa biloko na malamu na ba oyo bakosengaka Ye!". Bondima ete Tata Nzambe na biso Akoyanola mabondeli na ban aba Ye na bolingo.

Na boye, elandi te bokono na lolenge nini to mikakatano boyei na yango epai na Nzambe. Na litatoli ete, "Nkolo Nandimeli!" kopunjwa longwa na katikati na motema na bino, na tango bolakisi misala na kondima na bino, Nkolo ooyo Abikisaki moto ooyo abotamaki na miso mokufa akobikisa bokono na lolenge nioso, kobongola makambo makokaki te bna makambo makoki, mpe kosilisa makambo na bino nioso kati na bomoi.

*"Minganga bayebisaka ngai
Kala te nakokufa mpenza miso…
Makambo mabandaki kokweya…*

*Matondi na Yo, Nkolo,
mpona kopesa ngai pole…*

Nazalaki kozela Yo…"

Rev. Ricardo Morales na Honduras,
oyo akomaka pene na miso kokufa mpenza
sima na likama
kasi ayaka na komona

Mosala na kofungola Miso na Bakufi Miso kati na Egelesia Centrale Manmin

Wuta kobandisama nan a 1952, Manmin epesa nkembo makasi epai na Nzambe na nzela na mosala na kofungola miso na bato ebele na kotanga te, ba oyo bakufaka miso. BBato mingi oyo bazalaka na miso kokufa wuta mbotama bazwaki komona sima na mabondeli. Miso na ebele na basusu ba oyo komona na bango ebebaki mpe bbatiki elikya na maneti to moindo kati na miso ezongaki malamu. Kati na ebele, matatoli ebele na kokamwisa, malandi mazali moke na ba ndakisa.

Na tango nakkambaki Croisade Monene na Lisanga na Honduras na Juillet 2003, ezalaki na elenge muasi na mbula zomi na mibale na nkombo na Malia oyo abungisaka komona na liso na ye na mobali sima na fievre makasi mingi na tango azalaki na mbula mibale. Baboti ba ye bamekaki na ba lolenge na lolenge kasi na pamba mpona kkozoongisa komona na ye. Ata transplantation na corne oyo Maria azwaki ezalaki na tin ate. Sima na ba mbula zomi elandaki operation wana, Malia akokaki ata komona mwinda ten a liso wana na mobali.

Bongo na 2002, kati na mposa makasi mpona ngolu na Nzambe, Malia ayaki na Croisade esika wapi ayambaki libondeli na ngai, abandaki komona mwinda, mpe kala te azongelaki komona. Misisa kati na liso na ye na mobali miye mibebaka mpe miyaka kokufa mikelamaki sika na nguya na Nzambe. Boni nkamwa yango ezalaki? Bato ebele na kotanga ten a Honduras bbasepelaki mpe bangangaki makasi, "Solo Nzambe Azali na bomoi mpe Azali kosala kino llelo!"

Pasteur Ricardo Morales akomaki pembeni na kokufa miso mpenza mpenza kasi abikisamaki na mobimba na mai kitoko na Muan. Ba mbula Sambo liboso na Croisade nna Honduras, Pasteur Ricardo akotaki kati na accident na nzela esika wapi retine ebebisamaki makasi mpe anyokwamaki na kotangisa makila mingi mppe makasi. Ba minganga balobelaki Pasteur Ricardo ete, akobanda moke moke kobungisakomona na ye mpe na suka akokufa miso. Kasi ata bongo, abikakii na mokolo na liboso na Conference mpona bakambi na Egelesia na mbula 2002 na Honduras. Sima na ye kooyoka Liloba na Nzambe kati na kondima, Pasteur Ricardo atiaki mai na Muan na miso na ye, mpe na nkamwa, biiloko mikomaki koomonaa malamu mingi kkolekka sima na minite moko. Na ebandeli mpon ete atikala liiboso kokutana na likambo na lolenge oyo te, Pasteur Ricardo akokaki kondima yango te. Na pokkwa wana na matalatala na ye na elongi, Pateur Ricardo akotaki na eteni na liboso na Croisade. Bongo, sima na nioso, matalala kati na maneti ma ye malongwaki mpe ayokaki mongongo na Molimo Mosantu ete: "Soki olongoli manneti nay o sasaipi te, okozala mokufi miso." Bongo Pasteur Ricardo alongolaki maneti na ye mpe asosolaki ete akokaki komona biloko nioso malamu. Komona na ye ezongaki malamu, mpe Pasteur Ricardo apesaki nkembo makasi epai na Nzambe.

Na egelesia na Manmin Nairobi na Kenya, elenge mobali na nkombo na kombo akendaki na mboka na ye na mbotama, yango ezali na mua kilometer 400 na Egelesia na ye. Na tango na kotala, ateyaki Sango Malamu na libota na ye mpe alobelaki bango likolo na misala na kokamwisa na Nzambe miye mizalaki kosalema na Egelesia Manmin Centrale na Seoul. Abondelaki mpona bango na musuale na wapii ngai nabondelaki. Kombo mpe atalisaki libota na ye calendrier na lingomba.

Sima na ye koyoka koko na ye koteya Sango Malamu, koko na Kombo na muasi, oyo akuufa miso, akanisaki kati na ye moko na mposa makasi ete, 'Nakolinga komona photo na Dr, Jaerock Lee, ngai mppe lokola. Lokola asimbaki calendrier na mmabooko ma ye mibale. Oyo elandaki ezalaki mpenza bikamwa. Kaka na tango oyo koko muasi na Kombo afungolaki callendrier, miso ma ye mifungwamaki mpe akokaki komona foto. Halleluyah libota na Kombo bakutanaki na classe way ambo kati na mosala na nguyya na Nzambe oyo efungolaki miso na mokufi miso mpe bayaki na kondima na Nzambe na Bomoi. Lisusu, nna tango sango na likambo oyoo epanzanaki kati na mboka mobimba, bato basengaki mpona egelesia branche kobanda kati na mboka na bango mpe lokola.

Na misala mingi na nguya kkati na mokiili mobimba, ezali sasaipi na ba nkoto na ba branche na Egelesia Manmin na mokili mobimba, mpe Sangoo Malamu na kobulisama ezali koteyama kino na suka na mokili. Na tango bondimeli mpe bondimi misala na nnguya na Nzambbe, bokoki mmpe kookoma basangweli na libuula kati na mapammboli ma Ye.

Lolenge ezalaki na tango na Yesu, esiika na kosepela mpe kopesa nkembo na Nzambe elongo, ebele na bato lelo, bazali kosambisa, kokatela mabe, mpe kolobba mabe na mossala na Molimo Mosantu. Tosengeli kososola ete ezali lisumu na kobangisa, lolenge Yesu solo Alobela biso kati na Matai 12:31-32 ete: "Bongo, nazali koloba na bino ete, bato bakolimbisama mpona masumu mpe kotuka nioso, nde lituki kotuka Molimo na Bulee bakolimbisama yango te. Ye nani akoloba liloba kotelemela Muana na moto akolimbisama yango, Nde ye nani akoloba liloba kotelemela Molimo Mosantu akolimbisama te, soko na tango oyo, soko nan tango ekoya."

Mponna kotelemela mosala na Molimo Mosantu te kasi kutu kokutana na misala na nkamwa na nguya na Nzambe, tosengeli kondima mpe kolikya mpona mosala na Ye, lokola moto oyo akufaka miso kati na yoane 9. Kolandana na loolenge nini bato bamibongisi lokola biluku mpona kozwa biyano kati na kondiima. Basusu bakokutana na mosala na nguya na

Nzambe na tango basusu soko te.

Lolenge Nzambo 15:25-26 elobeli biso ete, "Epai na mooto na boboto okomimonisa boboto; epai na mooto na sembo okomimonisa sembo; epai na mopetwi okomimonisa petwo.

Nde epai na mozimbisi, okomimonisa na mayeleTika moko na moko, na kondimelaka Nzambe oyo Afutaka biso kolandana na nini osalaki mpe kotalisa misala na bino na koondima, bokoma bakitani na lipamboli na Ye, na nkombo na Nkoloo na biso Yesu Christu Nabondeli!

Liteya 7
Bato Bakotelema, Bakonguluma, mpe Bakotambola

Malako 2:3-12

Bayei epai na Yesu komema mokakatali, bato minei bazalaki kokumba ye. Kasi bazui nzela kokoma epai na Ye ten a ntina na bato mingi. Babuti likolo na ndakompe bafungooli nzella kati na mwanza mpe bakitisi litoko wana elali mokakatali. Emoni Yesu kondima na bango, Alobi na mokakatali ete, Mwana masumu nay o masili kolimbisama. Bakomeli misusu ba oyo bazalaki kofanda wana mpe kobanza na mitema na bango ete, 'Moto oyo akolobaka boye boni? Azali kotuka Nzambe. Nani mosusu ayebi kolimbisa masumu bobele Nzambe te? Nde Yesu Ayebi nokinoki kati na motema na Ye ndenge nini ezalaki bango komituna mpe Alobi na bango ete,: 'Mpona nini bozali na makanisi na lolenge oyo kati na mitema na bino? Eloko nini eleki na motau koloba na mokakatali ete, masumu mayo masili kolimbisama, soko koloba ete, 'telema lokota litoko nay o mpe tambola? Kasi mpona koyebisa bino ete Mwana na Moto azali na bokonzi awa na mokili, mpona kolimbisa masumu,- alobi na mokakatali ete Nazali koloba nay o ete, 'telema lokota litoko nay o mpe zonga na ndako nay o. Atelemi alokoti litoko nokinoki mpe abimi liboso na bango nioso; bango nioso bakamwe mpe bakumisi Nzambe, ete, Tomoni likambo na lolenge oyo liboso soko moke te

Biblia elobeli biso ete na ekeke na Yesu, ba mingi na ba oyo bazalaki na ba paralisie to mpe bakakatani bazwaki lobiko na solo mpe bakumisaki Nzambe makasi. Lolenge elakamela bison a Yisaya 35:6, "bongo motengami akopumbwa lokola mboloko, mpe lolemo na ebubu ekoyemba na esengo," mpe lisusu kati na Yisaya 49:8, ete "Na ntango na ngolu nazongiseli yo Liloba; na mokolo na kobikisama nasungi yo; nakobatela yo mpe nakopesa yo lokola kondimana epai na bato, kokokisa mokili mpe kokabwela bisika bipunjami libula" Nzambe Akoyanola kaka biso te mpe lisusu Akokamba biso na lobiko.

Yango ekoma ekoma kotatolama na kotika tea ta lelo kati na Egelesia Manmin Centrale, esika misaala na Nzambe na nguya na kokamwisa ememi ebele na baton a mikakatano batambola, batelema na ba kiti na bakakatani mpe kobwaka ba bequilles na bango.

Na kondima na lolenge nini ezalaki mokakatani kati na Malako 2 koya liboso na Yesu mpe azwa lobiko mpe mapamboli na biyano? Nabondeli ete ba oyo kati na bino ba oyo bokoki ten a kotambola likolo na ba bokono, batelema, batambola, mpe bakima lisusu mbangu.

Bakakatani Bayokaki Basango na Yesu

Na Malako 2 ezali na lisolo na mokakatani oyo azwaki lobiko epai na Yesu na tango akendaki na Kapalanauma. Na mboka wana ezalaki na mokakatali mobola makasi oyo azalaki kobika kuna oyo akokaki kofanda te soko lisungi na basusu te, mpe azalaki na bomoi kaka mpo ete akokaki kokufa te. Ata bongo, ayokaki sango na Yesu oyo afungolaka miso na mokufi miso, amtelemisaki mokakatani, abenganaka milimo mabe, mpe abikisaka baton a ba malali kilikili. Mpo ete moto yango azalaki na motema malamu, na tango ayokaka ba sango likolo na Yesu, abanzaki yango mpe ayaka na lombangu kokutana na Yesu.

Mokolo moko, mokakatani ayokaka ete Yesu ayaki na Kapalanauma, Boni boni na esengo mpe na kosepela akokaki kozala na kobanza ete akokutana na Yesu? Kasi, mokakatani, akokaki koningana na ye moko te, nde boye alukaki baninga oyo bakokaki komema ye epai na Yesu. Libaku malamu, mpo ete baninga ba ye bayokaki sango na Yesu, bandimaki mpe kosungamoninga na bango.

Mokakatali mpe Baninga ba Ye Bayei Liboso na Yesu

Mokakatani mpe baninga ba ye bakomaki na ndako esika wapi Yesu Azalaki koteya, kasi mpo ete kuna esanganaki ebele na bato, bakokaki komona esika moko te pembeni na ekuke, moke koleka kokota na kati na ndako. Makambo esalaki te ete moto yango elongo na baninga ba ye bakoka koya liboso na Yesu. Basengelaki koloba na ebele na bato, "Bolimbisi, botia pembeni! Tozali na moto na malali makasi mingi!" Ata bongo, ndako mpe makambo kati na yango etondisamaki na bato. Soki Mokakatani mpe baninga ba ye bazangaki kondima, bakokaki kozonga ndako na kozanga kokutana na Yesu.

Kasi, bango batikaki te kasi kutu batalisaki kondima na bango. Sima na komituna lolenge nini bakokaki kokutana na Yesu, lokola eloko na suka baninga na mokakatani babandaki kosala lidusu likolo na matolo likolo na Yesu mpe bakitaki kati na yango. Ata soki basengelaki na kolimbisama epai na mokolo ndako mpe bafuta ye mpona mabe esalamaki na sima, mokakatani mpe baninga b aye bazalaki na posa makasi mingi mpona kokutana na Yesu mpe kozwa lobiko.

Kondima elandisamaka na misala, mpe misala na kondima ikoki kosalema kaka na tango bomikitisi na motema na kokitisama. Bongo basi bomituna mpe komilobela ete. "Ata soki nalingi, likambo na nzoto na ngai epesi ngai nzela na kokende na egelesia te"? Soki mokakatani atatolaka mbala mokama ete, "Nkolo, Nandimi nandimi ete Oyebi ete nakoki te koya kokutana na Yo mpo ete nazali na paralisie. Nandimi mpe ete Okobikisa ngai ata soki nalali na mbeto na ngai," akokaki koloba te ete kotalisa kondima na ye.

Ata soki elingaki komemela ye nini, mokakatani akendaki liboso na Yesu mpona kozwa lobiko. Mokakatani andimaki mpe azalaki na mpiko ete na tango akutani na Yesu akobika, mpe atunaki baninga na ye bamema ye liboso na Yesu. Lisusu, mpo ete baninga na ye mpe bazalaki na kondima, bakokaki kosalela moninga na bango mokakatani ata na kosala lidusu mpe kozindisa na nzela na matolo na bato.

Soki solo bokondima ete bokobika liboso na Nzambe, koya kaka liboso na Ye ezali elembo na kondima. Yango ezali sima na bango kotobola lidusu kati na matolo, baninga na mokakatani bakitisaki etoko oyo moto na paralisie azalaki kolala mpe batalisaki ye liboso na Yesu. Na tango yango, ba matolo na Yisalele mazalaki plat mpe ezalaki na ba escalier pembeni na ndako moko na moko yango ezalaki komema bato na pete kino na matolo. Lisusu, biteni na matolo mikokaki na kolongolama na bopete. Makambo mana nioso masalaki ete akenda liboso na Yesu pene pene koleka bato nioso.

Tokoki kozwa Biyano Sima na Kosilisa Makambo na Masumu

Na Malako 2:5, tomoni ete Yesu Asepeli makasi na misala na kondima na mokakatani. Liboso na Ye kobikisa moto na paralisie, mpona nini Yesu Alobelaki ye ete, "Mwana, masumu mayo malimbisami"? Yango ezali mpo ete kolimbisama na masumu masengeli koya liboso na lobiko.

Kati na Esode 15:26, Nzambe Alobeli biso ete, "Soko okoyoka mongongo na Yawe, Nzambe nay o, mpe kosala yango ezali sembo na miso na Ye, mpe kotosa mibeko na Ye mpe kobatela mibeko na Ye nioso, mbele nakotiela yo malali moko te matiaki ngai na Baejipito, mpo ete Ngai Nazali Yawe Mobikisi nay o." "Awa, "malali oyo Natiaki na Baejipito" etalisi ba malali nioso mayebana epai na bato. Na baongo tango tokotosa Mibeko na Ye mpe tobiki na Liloba na Ye, Nzambe Akobatela biso mpo ete malali moko te ekoka kosimba biso. Lisusu, kati na Dutelonome 28 Nzambe Alakaki biso ete na lolenge tokokoba na kotosa mpe kobika na Liloba na Ye, bokono moko te ekotikala na kokotela biso. Na Yoane 5, sima na kobikisa moto oyo azala na bokono mpona ba mbula ntuku misato na libwa, Yesu Alobelaki ye ete, "Kosumuka lisusu te, soko te likambo na makasi koleka ekomela yo" (et.14).

Na ba malali nioso makowutaka na masumu, liboso na Ye kobikisa mokakatani Yesu Alobi Apesaki ye liboso kolimbisama. Kasi kokende liboso na Yesu, ekomema kaka kolimbisama te. Mpona kozwa lobiko, tosengeli naino kotubela na masumu na biso mpe kolongwa na yango. Soki bozalaki basumuki, bosengeli kokoma ba oyo bazali lisusu kosumuka te; soki bozalaki bakosi bosengeli lisusu kokosa te; mpe soki boyinaki basusu, bosengeli lisusu koyina te. Kaka na ba oyo bazali kotosa Liloba nde Nzambe Akopesa bolimbisi; Lisusu, na kotatola kaka "nandimi" ekopesa bino bolimbisi te; na tango tokoti kati na pole, makila na Nkolo na biso ekopetola biso na masumu na biso nioso (1 Yoane 1:7).

Mokakatani Atambolaki Na Nguya na Nzambe

Na Malako 2, tomoni ete na sima na kozwa bolimbisi, moto oyo azalaki na makakatani atelemaki, azwaki litoko na ye mpe atambolaki na miso na bato nioso na esika wana. Na tango ayaka epai na Yesu, azalaki kolala na etoko. Kasi moto abikisamaki na tangoYesu Ayebisaki ye ete, "Mwana, masumu ma yo malimbisami" (et. 5). Kasi na esika na kosepela mpona na lobiko, bakomi na mibeko bakomaki na koswana. Na tango Yesu

Alobaki na moto, "Mwana masumu mayo malimbisami," bamikaniselaki ete, "mpona nini koloba lolenge boye? Ye azali kotuka; nani akoki kolimbisa masumu soko Nzambe?" (et.7)

Bongo Yesu Alobelaki bango ete, "Mpona nini bozali kokanisa bongo kati na mitema na bino? Nini ezali pete, koloba na mokakatani ete, 'Masumu ma yo malimbisami'; to mpe koloba, 'Telema, lokota litoko nay o mpe tambola'? Kasi mpo ete bokoka koyeba ete Mwana na Moto azali na nguya kati na mokili mpona kolimbisa masumu" (et. 8-10). Sima na kongengisa bango mpona mokano na Nzambe, na tango Yesu Alobelaki mokakatani ete, "Nalobi nay o ete, telema, lokota litoko nay o mpe kenda na ndako nay o," (et 11) moto yango na mbala moko atelemaka mpe atambolaki. Na lolenge misusu, mpona mokakatani oyo azwa lobiko elakisi ete azwaki naino bolimbisi na masumu. Nde na sima Nzambe Andimaki maloba niso Yesu Alobaki/ Ezali mpe elembo ete Nzambe oyo na nguya nioso Andima Yesu lokola Mobikisi na bato nioso.

Likambo na Kotelema, Konguluma, mpe na Kotambola

Na Yoane 14:11, Yesu Ayebisi biso ete, "BonBondima ngai

ete ngai nazali kati na Tata, mpe Tata kati na Ngai;Soko bongo te, bondima mpona misala." Na bongo, tosengeli kondima ete Tata Nzambe mpe Yesu bazali moko mpe lolenge moko na komonaka ete mokakatani oyo ayaki liboso na Yesu kati na kondima alimbisamaki, atelemaki, angulumaki mpe atambolaki na motindo na Yesu..

Na kolanda Yoane 14:12, Yesu mpe Alobeli biso ete, "Solo, solo, nazali kolobela bino ete,ye oyo akondimaka ngai, misala mizali ngai kosala, akosala yango mpe lokola." Lolenge nandimelaki Liloba na Nzambe na % mokama moko, sima na ngai kobengama mosali na Nzambe Nakilaka mpe Nabondelaka, mikolo ebele mpona kozwa nguya na Ye. Na boye, ebele na ba matatoli na ba lobiko na ba bokono oyo mayele na minganga na lelo makokaki kosilisa te mibanda na koleka kati na Manmin wuta kobanda na yango.

Na tango nioso egelesia lokola liboke elekaki na mimekano na mapamboli, mbango na oyo babeli bazwaki lobiko emataki na mbangu na tango ba bokono na pasi koleka mibikisamaki. Kati na Bokutani Speciale na poso Mibale mpona Bolamuki kati na Mbula eye ebanda na 1993 kino na 2004 mpe ba Croisade Minene na Lisanga na mokili mobimba, ebele na bato kati na mokili mobimba bakutana na nguya na nkamwa na Nzambe.

.Kati na ebele na makambo bisika wapi bato batelema,

banguluma, mpe batambola, ezali awa na mu aba ndakisa.

Kotelema Sima na Ba Mbula Libwa na kiti na bakakatani

Litatoli na liboso ezali na Diacre Yoonsup Kim. Na Mai 1990, akweyaka na imeuble na 5 etage na tango azalaki kosala mosala na lotiliki na Mboka na Taedok Science na Cree na Ngele. Yango esalemaki liboso na Kim Aya na kondimela Nzambe.

Mbala moko sima na kokweya, akamatamaki na lopitalo na Sun na Yoosung, Province na Choongnam, esika azalaki na coma mpona ba sanza sambo. Kasi sima na ye kolamuka na Coma, pasi na pression mpe kobukana na mopanzi na zomi na moko mpe na zomi na mibale na tolo mpe hernie na vertebre na mokua na minei mpe na mitano mizalaki kosala pasi makasi na kokanga motema te. Minganga kati na Lopitalo bayebisaki Kim ete likambo na ye ezalaki critique. Akotrtaki na ba Lopitalo misusu mpona ba mbala na ba mbala. Kasi, na mbongwana moko te mpona likambo na Ye, emonanaki ete Kim akotaki kati na etape na liboso na bakakatani. Zinga zinga na loketo na ye, esengelaki na Kim kolata tango nioso mokaba monene mpona colone

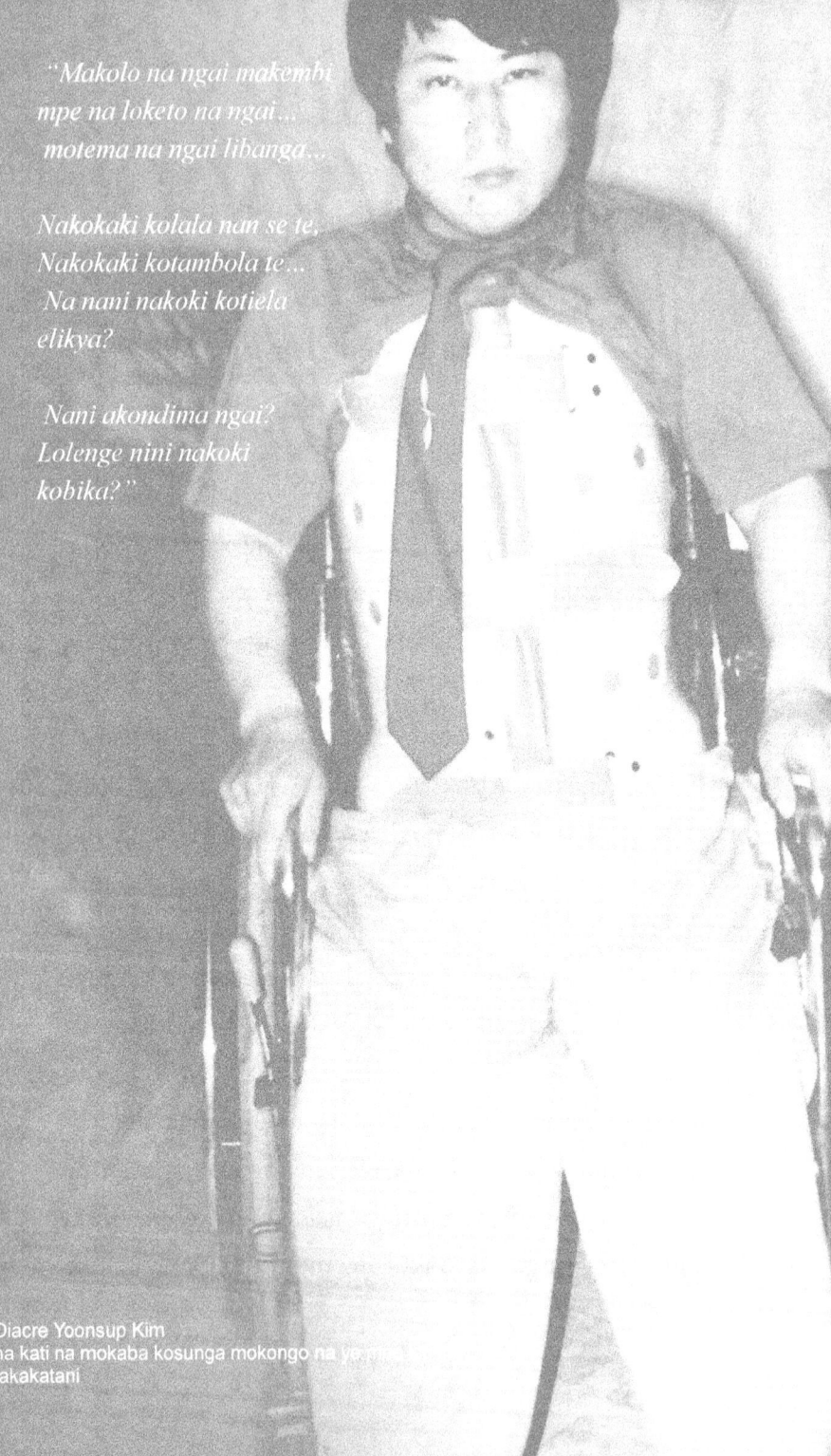

"Makolo na ngai makembi mpe na loketo na ngai... motema na ngai libanga...

Nakokaki kolala na nse te, Nakokaki kotambola te... Na nani nakoki kotiela elikya?

Nani akondima ngai? Lolenge nini nakoki kobika?"

Diacre Yoonsup Kim
na kati na mokaba kosunga mokongo na ye na bakakatani

*"Halleluyah!
Nzambe Azali na bomoi!
Bokoki komona ngai kotambola?"*

Diacre Kim azali kosepela elongo na bandeko misusu na Manmin sima na ye kozwa lobiko na nzela na libondeli na Dr. Jaerock Lee

vertebrale na ye. Lisusu mpo ete akokaki kolala nan se te, asengelaki kolala na tango azalaki kofanda.

Na tango wana na pasi Kim ateyamaki (Sango Malamu) mpe ayaki na Manmin, esika wapi abandaki bomoi kati na Christu. Na tango akotaki na Mayangani Speciale mpona Lobiko na Bonzambe na Novembre 1998, Kim akutanaki na likambo moto akoki kondima teLiboso na milulu, akokaki kolala nan se ten a mokongo na ye to mpe kosalela nzongo na ye moko. Sima na ye koyamba libondeli na ngai, akokaki kotelema na kiti na ye na bakakatani mpe kotambola na ba nzete.

Mpona kozwa lobiko na mobimba, deacre Kim akotaki kati na kondima mayangani nioso mpe milulu mpe atikaka ten a kobondela. Lisusu, na posa makasi mpe kobongisama mpona mpona Milulu special na Sambo mpona Bolamuki na Mai 1999, akilaki bilei mpona ba poso tuku mibale na moko. Na tango nabondelaki mpona babeli longwa na etumbelo na kati na eteni na liboso na Milulu, Diacre Kim ayokaki pole makasi na mwinda kongengela ye mpe amonaki emoniseli esika wapi azalaki kopota mbangu. Na poso na mibale na Milulu, na tango natiaki maboko na ngai likolo na ye mpe nabondelaki, akokaki koyoka ete nzoto na ye ezalaki pepele. Na tango moto na Molimo Mosantu akitelaki makolo ma ye, makasi eye ayebaki te epesamelaki ye. Akokaki kolongola mpe kobwaka mokabba kosunga colone na ye mpe ba bequilles, kotambola na pasi moko te, mpe koningisa loketo na ye.

Na nguya na Nzambe, Diacre Kim ayaki na kotambola lokola moto nioso. Apusaki ata kinga na ye mpe kosala mosala makasi kati na Egelesia. Lisusu, na kala mingi te Diacre Kim Abalaki mpe sik'awa azali kobika bomoi na esengo mpenza.

Kotelema na Kiti na Bakakatani Sima na Koyamba Libondeli na Musuale

Na Manmin, makambo na kokamwisa oyo ikomama kati na Biblia mpe bikamwa na nkamwa izali kosalema; Na nzela na bango Nzambe Azali kozwa lokumu ata na koleka. Kati makambo mana mpe bikamwa ezali kotalisama na nguya na Nzambe na nzela na ba misuale.

Kati na Misala 19:11-12, tomoni ete "Nzambe mpe Asali misala na nguya na maboko na Paulo, na motindo ekosalemaka te; bongo bamemelaki babeli masume mpe matambala malongwaki na nzoto na Paulo, mpe babiki na malali na bango, milimo mabe mibimi mpe." Na boye, na tango bato bazwi ba misuale na wapi nabondelaki to mpe eloko na motindo nini nini na nzoto na ngai likolo na babeli, misala na kokamwa na lobiko mizali kosalema. Lokola Cosequence, ba mboka ebele mpe baton a mokili mobimba basenga na biso ete tokamba ba croisade na ba misuale kati na ba mboka na bango moko. Lisusu, bato baleki ebele na ba mboka na Africa, Pakistan, Indonesie, Ba Philipine, Honduras, Japon, China, Russie, mpe ebele koleka bazali kokutana na "bikamwa minene" mpe lokola.

Na Avril 2001, moko na ba Pasteur na Manmin akambaki croisade na ba misuale na Indonesie, esika wapi ebele na bato bazwaki lobiko mpe bapesaki nkembo epai na Nzambe na boomoi. Kati na bango ezalaki na Gouverneur na kala na mboka, oyo azalaka kotia elikya na kiti na bakakatani. Na tango abikisamaki na nzela na libondeli na musuale, kala te ekomaki lisilo na sango monene.

Ganesh Abwakaki Ba Bequille na Ye na Festival na Mabondeli Mpona Lobiko na Bikamwa na 2002 na Inde

Na Na kati na Festival na Mabondeli mpona lobiko na Bikamwa na 2002 na Inde, oyo esalemaka na Marina Beach na Chenai na Inde oyo etondisami na ba Hindu, koleka baton a Milio misato bayanganaki, bakutanaki na misala na nguya makasi na Nzambe, mpe ebele kati na bango ba mbongwanaki

*"Nakoki lisusu koyoka
ba vice libwa
miye mizalaki kofina
Mosuni mpe mokua na ngai te!*

*Na liboso na kokaki kutu kotelema te
likolo na pasi
kasi sik'oyo nakoki kotelema!"*

Ganisesh aya na kotambola
Na ba nzete na ye te
Sima na koyamba libondeli na Dr. Jaerock Lee

na Bokristu. Liboso na Croisade oyo, esika wapi mikuwa mikomaka makasi milembaki mpe misisa mikufaki mizongelaki kosala mikobaki malembe malembe. Kobanda na Croisade na Inde, misala na lobiko etelemelaki molongo na nzoto na moto.

Kati na ba oyo bazwaki lobiko ezalaki na elenge mobali na mbula zomi na motoba na kombo na Ganesh. Akweyaka na velo na ye mpe amisalaki pasi na basin na ye na mobali. Mikakatano mpona misolo kati na ndako epekisaki ye na kozwa treatement esengeli. Sima na kolekisa mbula moko, ayaki kobimisa tumeur kati na basin na ye mpe esengelaki na basin na ye na mobali kolongolama. Minganaga batiaka moke na ebende kati na mokuwa na ye na esika wana etikalaka, mpe bakangaki yango na ba vis libwa. Pasi makasi koleka na mabende oyo bakangisamaki makasi esalaki été ye akoka komata te na ba escalier to mpe kokita to mpe kotambola na kozanga ba bequilles.

Na tango ayokaki sango na croisade, Ganesh Ayaka mpe akutanaka na misala na nguya makasi na Molimo mosantu. Na mokolo na mibale na mibale na Croisade na mikolo minei, lolenge ayambaka libondeli mpona babeli ayokaki lokola nzoto na ye epelaki moto, lokola etiamaki na nzungu na mai kotoka, mpe ayokaki lisusu pasi kati na nzoto na ye te. Akendaki mbala moko na etumbelo mpe apesaki litatoli na lobiko na ye. Wuta mokolo oyoka lisusu pasi na nzoto na ye te, asalelaki lisusu ba

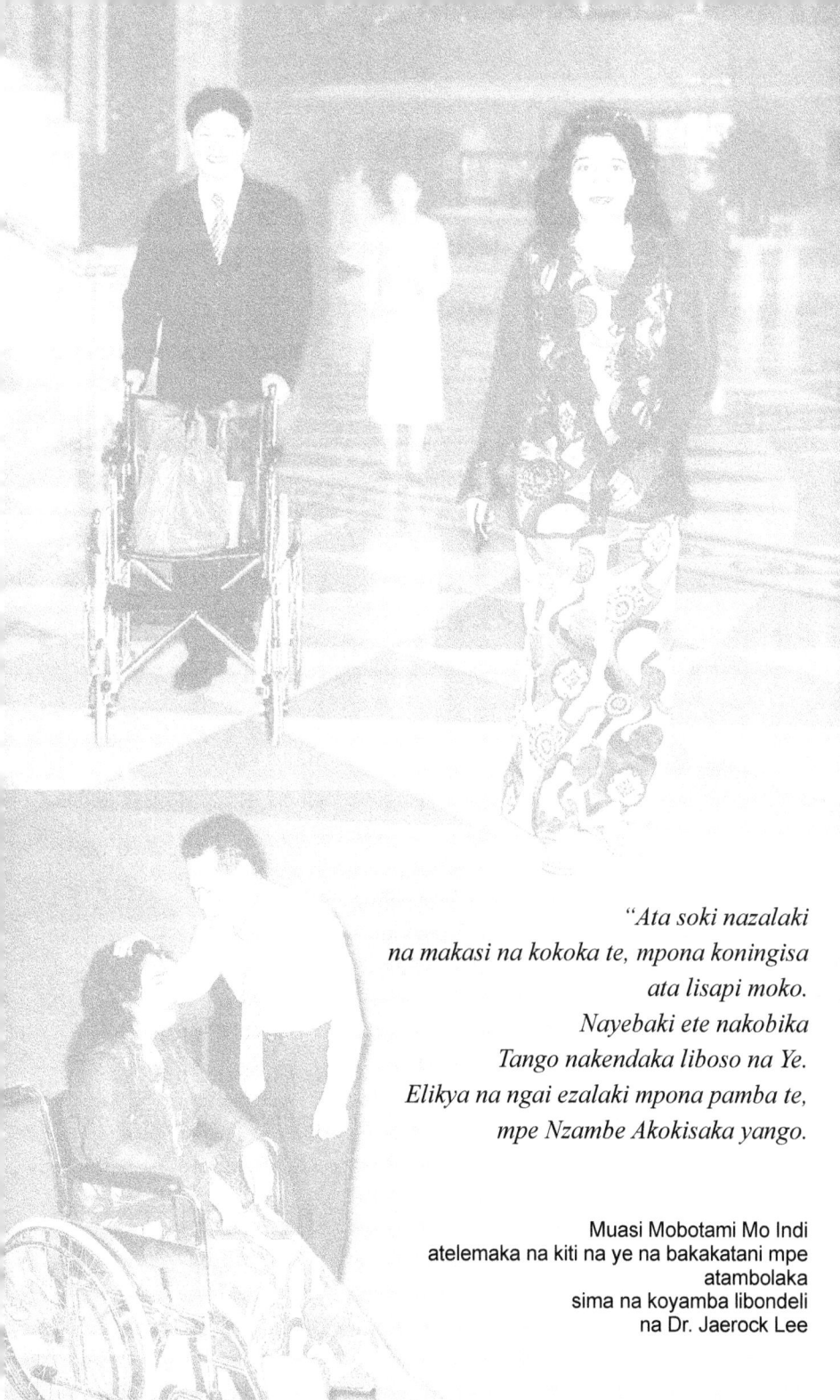

"Ata soki nazalaki
na makasi na kokoka te, mpona koningisa
ata lisapi moko.
Nayebaki ete nakobika
Tango nakendaka liboso na Ye.
Elikya na ngai ezalaki mpona pamba te,
mpe Nzambe Akokisaka yango.

Muasi Mobotami Mo Indi
atelemaka na kiti na ye na bakakatani mpe
atambolaka
sima na koyamba libondeli
na Dr. Jaerock Lee

bequilles te, mpe abanda kotambola mpe kokima mbangu.

Mwasi Atelemi na Kiti na Bakakatani na Ye na Dubai

Na Avril na 2003, na tango nazalaki na Dubai, Emirat Arab Unie, Mwasi mobotami Moindia atelemaki na kiti na ye na bakakatani kala te sima na ye koyamba libondeli na ngai. Azalaki mwasi na mayele oyo atangaka na America. Likolo na makambo na ye moko, azalaki konyokwama na shoque na bongo, oyo esanganaki na ba pasi sima na likama na nzela mpe na ba complication.

Na tango namonaki mwasi oyo na ebandeli, akokaki kotambola te, azangaki makasi na koloba, mpe akokaki te kolokota maneti na ye oyo akweisaka. Abakisaki ete azalaki na bolembu mingi makasi mpona kokoma mpe kolokota verre na mai. Na tango basusu bamekaka kaka kosimba ye, azalaki kati na pasi na makasi koleka. Kasi sima na libondeli muasi atelemaki na mbala moko na kiti na ye na bakakatani. Ata ngai nakamwaki mpona muasi oyo, oyo azalaki makasi mingi te mpona koloba na mu aba minite moke na liboso, nde na sasaipi akokaki kosangisa biloko na ye mpe na kobima libanda na ndako.

Yelemia 29:11 elobeli biso ete, Mpo ete Nayebi makanisi mazali Ngai kokanisa Mpona bino,; Yawe Alobi bongo, yango makanisi na kimya mpe na mabe te, kopesa bino elikya nan tango ekoya.'Tata ma biso Nzambe Alinga biso mingi mpenza ete Apesa na kokanisa te Muana na Ye se moko na Likinda.

Na boye, ata soki bozala kobika bomoi na bobola likolo na kokoso na nzoto, bozali na elikya na kobika bomoi na esengo mpe na nzoto makasi kati na kondima na Tata Nzambe. Alingi te komona moko na bana na Ye kati na mimekano mpe na komilela. Lisusu, Alikiaka kopesa na moto nioso kati na mokili kimya, esengo, kosepela, mpe lobi malamu.

Na nzela na lisolo na mokakatani oyo ekomami na Malako 2, boyei na koyeba nzela mpe motindo na wapi bokoki kozwa biyano na ba mposa na motema na bino. Tika ete moko na moko kati na bino abongisa eluku na kondima mpe azwa oyo nioso bozali kosenga, na nkombo na Nkolo Yesu Christu Nabondeli!

Liteya 8

Bato Bakosepela, Bakobina, mpe Bakonzemba

Malako 7:31-37

Yesu Alongwe lissusu na mokili na Tula, Atamboli na nzela na Sidona, Aleki epai na Dekapoli kokende na libeke na Galilai. Bakambeli Ye moto moko oyo akufi matoi mpe na likokoma, mpe babondeli Ye ete Atiela ye loboko na Ye.Atangoli ye na Ebele epai na Ye mpenza, Atie misapi na Ye kati na matoyi na moto, abwaki nsoi, amami lolemo na ye, atali na Likolo, akimeli, aAlobi na ye ete, Efata1 ntina na yango ezali zipwa! Matoyi ma ye mazipwi nokinoki, nsinga na lolemo na ye ekangwi mpe alobi sembo.Alaki bango ete balobela moto te, kasi ezalaki Ye kolaka bango boye, bango baleki koyebisa likambo oyo mingi. Bakamwi kokamwa, koloba ete, Asali makambo nioso malamu, akoyokisaka bato bakufi matoi, akolobisaka bamimi.

Oyo elandi tomoni yango kati na Matai 4:23-24 ete,

Bongo Atamboli kati na Galilai mobimba, Alakisi kati na bayanganelo na bango mpe asakoli nsango malamu na bokonzi mpe Abikisi malali nioso mpe ndenge nioso na bolembu kati na bato. Lokumu na Ye epalangani na Sulia mobimba mpe bayeli Ye na nioso baoyo bazalaki na nzoto mabe, baoyo bazalaki na motindo na malali mpe na mpasi, baton a milimo mabe mpe na liboma mpe mikakatali mpe Abikisi bango.

Yesu Ateyaki kaka Liloba na Nzambe te mpe Sango Malamu na bokonzi, kasi mpe lisusu Abikisaki ebele na bato bakonyokwamaka na ba malali kili kili. Na kobikisaka ba bokono eye nguya na moto ekokaki te, Liloba Yesu Asakolaki ekomamaki kati na mitema na bato, mpe Amemaki bango kati na Lola na kondima.

Yesu Abikisi Moto Akufa matoi mpe na Likokoma

Na Malako 7 ezali na lisolo na tango oyo Yesu azalaki

kobembuka longwa na Tula ten a Sidona, nde longwa wana na libeke na Galilai mpe kati na mokili na Dekapoli, mpe Abikisaki moto koyokaka soko kolobaka te. Soki moto akokaki koloba na pasi mingi, elingi koloba ete azalaki na likokoma mpe akokaki koloba malamu te. Motokati na makomi oyo tango mosusu ayekolaki koloba na tango azalaki muana, kasi ayaki kokoma ebubu na sima, mpe sik'awa akokaki koloba na pasi mingi.

Na limbola ekoka moto oyo akufa matoyi mpe akolobaka te ezali moto oyo atikala koyekola koloba te likolo na kozanga koyoka, na tango oyo tobengi "bradiacusia" elakisi na kokoso mpona koyoka. Ezali na ebele na ba ndenge esika wapi motoakoki kokoma baba mpe akolobaka te. Ya liboso ezali soki ezali na makila. Na likambo na mibale moto akomaka mokufi matoyi mpe ebubu soki mama na ye anyokwamaki narubella (yango eyebana mpe lokola measles na ba allemande) to mpe amelaki ba kisi na mabe na tango na mokumba na ye. Ya misato, ezali soki muana azwami na meninjite na tango azali naino na ba mbula misato to mpe minei na tango muana azali koyekola koloba, akoki mpe kokoma ebubu. Mpona likambo na dradyacusia, soki tympa na litoyi epasukaka,, lisungi mpona moto koyoka ekoki kozala na tina. Kasi likama ezali kati na mosisa na koyoka yango moko, eloko moko te ekoka kosunga. Mpona makambo mosusu soki moto azali kosala na esika na makelele mingi to mpe to mpe kolemba na koyoka to mpe koyoka ekomi kolemba lolenge moto akokoma mobange, elobama ete ezali na lisalisi moko te mpona yango.

Lisusu, moto akoki kokufa matoi to ebubu soki azali mokangemi na milimo mabe. Na likambo eye, na tango moto na mpifo na molimo akobengana molimo mabe, moto yango akobanda koloba mpe koyokka na mbala moko. Na Malako 9:25-27, na tango Yesu Apamelaki molimo mabe kati na elenge mobali oyo akokai koloba te ete, "Yo molimo na ebubu nazali koloba nay o, bima na ye mpe kotela ye lisusu te," (et.25) molimo mabe alongwaki elenge mobali na mbala moko mpe muana akomaki malamu.

Bondima ete, na tango Nzambe Asalaka, bokono to mpe bolembu moko te ekotikala na komema likama moko te epai na bino. Yango ezali tina tomoni kati na Yelemia 32:27 ete, "Tala. Ngai, Nazali Yawe, Nzambe na mosuni nioso; likambo moko likely Ngai na makasi?" Nzembo 100:3 ememi bison a koyeba ete "Boyeba eteYawe Ye Azali Nzambe; Ye Asalaki biso, biso tozali baton a Ye. Toza;li baton a Ye, mpate na Elanga na Ye." Na tango Nzembo 94:9 ekanisisi biso ete, "Ye oyo atiaki litoi, Akoyoka te? Ye oyo Asalaki liso, akotala te? Na tango tondimi na Tata Nzambe na nguya nioso oyo Asalaka matoyi na biso mpe miso wuta na nse na mitema na biso, makambo nioso makoki. Yango tina mpona Yesu oyo Ayaka na mosuni na mokili oyo, makambo nioso makokaki. Lolenge tomoni kati na Malako 7, na tango Yesu Abikisaki mokufi matoi mpe ebubu, matoyi na moto yango mafungwamaki mpe maloba ma ye makomaki malamu.

Na tango tondimeli kaka Yesu Christu te kasi mpe tosengi nguya na Nzambe na kondima oyo ekola, misala na lolenge moko lolenge ekomami kati na Biblia ekosalema ata na lelo. Na likambo oyo Baebele 13:8 elobeli biso ete, "Yesu Klisto Azali motindo moko, Lobi leo mpe libela na libela." na tango Baefese 4:13 esosolisi biso ete tosengeli na, "Kino ekokoma biso nioso na bomoko na kondima mpe na boyebi na Mwana na Nzambe, na Mobali mobimba, na epimelo na monene na litondi na Kristo."

Kasi, kobebisama na eteni na nzoto to kokufa matoyi mpe ebubu mpona kokufa na misisa ekoki ten a kobikisama na likabo na lobiko. Kaka soki moto moko, oyo akoma kati na mobimba na etape kati na kondima na kotondisama na Yesu Christu, azwi nguya mpe mpifo ewuti na Nzambe mpe abondeli kolandana na mokano na Nzambe, nde lobiko ekosalema.

Loyembo na kopesa matondi
na bato
ba oyo babikisamaki na matoyi kokufa

"Na bomoi
Opesaka biso,
Tokotambola
na mokili
Na kolikyaka mpo...
Molema na ngai ...
lokola kulusutala
Eyei epai na y...

Diaconese Napshim Park apesi nkembo na Nzambe sima na kobikisama na mbula ntuku mitano na mitano na kokufa matoi

Bisika Wapi Nzambe Abikisi na Kokufa Matoyi na Manmin

Nakutana na ba mbala mingi wapi Bradyacusia ebikisamaki, mpe ebele na bato na kotanga te ba oyo bakokaka koyoka te wuta mbotama na bango bayei na koyoka mpona mbala na bango na liboso. Ezali na bato mibale baoyo baya na koyoka mpona mbala liboso na sima na ba mbula Ntuku mitano mpe ntuku mitano na sambo.

Na Septembre 200, na tango nakambaka Festival na Miracle mpona lobiko na Nagoya na Japon, bato zomi na misato ba oyo bazala konyokwama na koyoka malamu te bazawaki lobiko na tango oyo bawutaki koyamba libondeli na ngai. Sango oyo epanzanaki epai na ebele na ba oyo na likambo moko na bango na Coree, mpe ebele kati na bango bayaka na Milulu Speciale mpona Bolamuki na Libwa na Mai 2001, bayambaki libondeli na ngai, mp bakumisaki Nzambe Makasi.

Kati na bango ezalaki namuasi na mbula ntuku misato nna misato, oyo azala na matoyi kokufa mpe ebubu wuta tango na likama na nzela na tango azalaka na mbula mwambe. Sima na ye komemama na Egelesia na biso kala te sima na Milulu na 2001, amibongisaka ye mpenza mpona koyamba biyano. Mwasi yango ayaka na Maboondeli na mikolo nioso na Daniele mpe, abanzaka masumu maye eleka, apasolaka motema na ye, Sima na Ye komibongisa mpona Milulu na bolamuki kati na mposa makasi mingi, ayaka kati na Milulu. Kati na eteni na suka na Mayangani, na tango nasembolaki maboko na ngai likolo na bato bayokaka te mpe bibubu mpona kobondela mpona bango, ayokaki mbongwana moko ten a ngonga wana. Ata bongo, alembaki te. Kutu, amonaki litatoli na ba oyo bazwaka lobiko na kosepelaka kati na matondi, mpe na kondimaka makasi koleka ete ye mpe, akokaki kobika.

NzambeAndimaki oyo lokola kondima mpe Abikisaki muasi wana kala te sima na milulu kosila. Namona mosala na nguya na Nzambe ata sima na milulu kosila. Lisusu, teste na koyoka oyo alekaka etatolaki kaka lobiko na kokoka na matoyi mibale. Halleluyah!

Mobotami na Matoyi Kokufa bazwi Lobiko

Monene na kotalisama na nguya na Nzambe ekoba na komata mbula na mbula. Na Croisade na Lobiko na Bikamwa na 2002 na Honduras, bato mingi ba oyo bazala matoyi kokufa mpe bibubu bayaka na koyoka mpe na koloba. Na tango muana mwasi na mokonzi na securite na ba personel kati na croisade abikisamaki na kokufa matoi na ye mpona ba mbula ebele, akomaka na sai mingi mpe na kopesa ebele na matondi.

Moko na matoyi na mwana na mbula mwambe Madeline Yaimin Bartes oyo akolaka lolenge esengela te mpe moke moke abungisaka koyoka na ye. Na tango ayokaka likolo na croisade, Madeline abondelaki tata na ye mpo ete amema ye kuna. Azwaka ebele na ngolu na tango na masanjoli, mpe sima na ye koyamba libondeli na ngai mpona babeli nioso, abanda koyoka malamu mingi. Lolenge tata na ye asalaki na etingia kati na croisade, Nzambe Apambolaki Muana na ye na lolenge oyo.

Jennifer Alongolaki Eloko Esungaka ye Mpona Koyoka

Ata soki tokokaki kokomisa ebele na ba matatoli ten a ba lobiko na tango mpe na sima na Croisade na Inde, ata na moke na baponami tobongi na kopesa matondi mpe nkembo na Nzambe. Kati na makambo mana nioso ezali na lisolo na muana mwasi na kombo na Jenifer, oyo akufa matoyi mpe alobaka te mpona ba mbotama na ye. Monganga asengaka ete abanda kolata lisungi mpona koyoka malamu yango ekomatisa koyoka

Jennifer abikisami na kokufa matoi na ye wuta mbotama mpe evaluation na monganga na ye

CHURCH OF SOUTH INDIA
MADRAS DIOCESE
C. S. I. KALYANI MULTI SPECIALITY HOSPITAL
15, Dr. Radhakrishnan Salai, Chennai-600 004. (South India)

Phone: 827 11 01
859 23 05

Ref. No. .... Date: 15/10/02

To whom it may concern

Miss Jennifer aged 5 yrs has been examined by me at CSI Kalyani hospital for her hearing.

After interacting with the child and observing her and after examining the child, I have come to the conclusion that Jennifer has definitely good hearing improvement now than before she was prayed for. Her mother's observation of her child is far more important and the mother has definitely noticed marked improvement in her child's hearing ability. Jennifer hears much better without the hearing aid and responds to her name being called when so previously she was not without the aid.

na ye mwa moke, kasi alobelaki ye ete koyoka ekoki kozala na kokoka te.

Na tango mama na Jenifer azalaka kobondela mokolo na mokolo mpona lobiko na muana na ye, bayaki na croisade. Mama na mwana na muasi bafandaki pembeni moko pembeni na baffles na minene mpo ete monene na ba baffles elingaki mpe kotungisa Jenifer soko moke te. Kasi na mokolo na suka na Croisade, likolo na ebele na etuluku na bato, bakokaki kozwa esika pembeni na baffle te. Nini esalemaki ezalaki solo nkamwa. Kaka sima na ngai kosilisa libondeli mpona babeli longwa na etumbelo, Jenifer alobelaki mama na ye ete makelele na ba baffles mazalaki makasi mingi mpe asengaki na mama na ye alongola biloko na kosunga koyoka malamu. Halleluyah!

Kolandana na makomi liboso na lobiko, soki lisungi na koyoka malamu ezalaki te, koyoka na Jenifer ekokaki kolanda tea ta na makelele na makasi mingi. Na maloba mosusu, Jenifer abungisalka 100% na koyoka na ye, kasi sima na libondeli emonanaki ete % 30-50 na koyoka na ye ekomisamaki sika. Oyo elandi ezali evaluation na otorhinolaryngologist mpona koyoka na Jenifer ete:

Mpona kokota kati na makoki na koyoka na Jennifer, na mbula 5, na talaki ye na Hopital C.S.I Kalyani Specialite

Multiple. Sima na Koloba na Jennifer mpe na Kotala Ye, Nakotaki na Conclusion ete ezala na kobonga makasi mpe na ntembe te kati na koyoka na ye sima na libondeli. Opinion na mama na Jenifer ezali ete ezali mpe na motuya. Asalaki mpe lisosoli moko oyo esalllaki Ngai : Solo koyoka na Jennifer ebongisami mpenza malamu mingi. Na ngonga oyo Jenifer akoki koyoka malamu na tango bato babengi nkombo na ye. Yngo ezalaki bongo te soki azalaki na lisungi na koyoka te liboso na ye koyamba libondeli.

Mpona ba oyo babongisi mitema na bango kati na kondima, nguya na Nzambe na tembe te ekotalisama. Ya solo, ezali na bisika ebele esika lolenge na mobeli ekobongaka mokolo na mokolo lolenge bakobikaka bomoi na bosembo kati na Christu.

Na ba tango mingi, Nzambe Akopesaka lobiko na mobimba te mbala moko na ebandeli na ba oyo bazala na matoyi kokufa wuta tango na bomwana na bango. Soki bakokaki koyoka malamu te longwa na tango oyo babikisamaki, ekozala pasi mingi mpona bango kokoka kokanga makelele wana nioso. Soki bato babungisaki koyoka sima na bango kokola, Nzambe Akoki kobikisa bango na mbala moko, mpo ete ekozwa tango moko te mpona bango bamesana na makelele. Mpona makambo na lolenge oyo, bato bakoki kobunga na ebandeli kasi sima na mokolo moko to mpe mibale, bakozwa kimya mpe bakomesana na makoki na bango na koyoka.

Na Avril 2003, na tango na mobembo na ngai na Dubai na Emirat na Lisnga na ba Arabe, Nakutanaka na Muasi na Ntuku Misato na Mibale oyo Abungisaka koloba sima na konyokwama na meningite na bongo na tango azalaka na mbula mibale. Moke sima na ye koyamba libondeli na ngai, na malamu mingi muasi alobaki ete, "Matondi!" Nakanisaka na likambo na ye kaka lokola elembo na kopesa matondi, kasi baboti na ye bayebisaki ngai ete ba ntuku misato na ba mbula milekaka na tango muana na bango na mwasi alobaka, "Matondi."

Mpona Kokutana na Nguya Oyo Ememaka Ebubu koloba mpe Mokufi Matoyi Koyoka

Kati na Malako 7:33-35 ezali na likambo oyo:

Atangoli ye na ebele pembeni na Ye mpenza, Atii misapi na Ye kati na matoi na moto, Atwaki nsoi, Amami lolemo na ye, Atali na Likolo, Akimeli, Alobi na ye ete, Efata! Ntina na yango ete, Zipolama! Matoi ma ye mazipami nokinoki, nsinga na lolemo na ye ekangolami mpe alobi sembo.

Awa, "Efata" elakisi "Zipolama" na Baebele. Na tango Yesu Apesaki Motindo na mongongo na ebandeli na kokela, matoyi na moto yango mizipamwaki mpe lolemo na ye efungwamaki.

Pona nini bongo Yesu Atiaki misapi ma Ye kati na matoyi na moto liboso na kopesa motindo ete, "Efata"? Baloma 10:17 elobi ete, "Kondima eyaka na koyoka, mpe koyoka na Liloba na Christu." Mpo ete moto oyo akokaki koyoka te, ezalaki pete te mpona ye kozwa kondima. Lisusu, moto yango ayaki liboso na Yesu te mpona kozwa lobiko. Kasi, bato misusu nde bamemaki moto oyo liboso na Yesu. Na kotia misapi ma ye kati na matoyi na moto oyo, Yesu Asungaki moto oyo ete azwa kondima na nzela na koyoka misapi na Ye.

Kaka na tango tososoli tina na molimo iye efandi kati na esika wapi Yesu Atalisi nguya na Nzambe, nde tokoka komona Nguya na Ye. Bitape nini tosengeli solo kozua?

Tosengeli naino kozwa kondima mpona koyamba lobiko.

Ata soki ezali moke, ye oyo alingi koyamba lobiko asengeli kozala na kondima. Kasi, kasi na bokeseni na ekeke na Yesu mpona bokoli na mayele, ezali na malakisi ebele, ata kolobana na ba signes, na wapi at aba oyo bayokaka malamu te bakoka koyoka Sango Malamu. Kobanda na ba mbula moke nasima na kobanda na Manmin, mateya nioso mazalaki koteyama elongo na kolimbola na ba signe. Mateya na kala mazali mpe na mbala moko kobongisama mpona koleka elongo na limbola na ba signes na site na ye web mpe lokola.

Lisusu, na ba lolenge mingi koleka, ata na ba buku, makasa na ba sango, ba magazine, mpe video mpe audio na ba cassette, bokoki kozwa kondima na lolenge bosengeli mpona kosilisa. Na tango bokomi na kondima, bokoki kokutana na nguya na Nzambe. Nalobeli ebele na ba matatoli lokola lolenge mpona kosunga bino bozwa kondima.

Elandi, tosengeli kozwa bolimbisami.

Pona nini Yesu abwakaki soi mpe asimbaki lolemo na moto sima na Ye kotia misapi maye kati na matoyi na moto yango? Yango na molimo elakisi libatisi na mai mpe ezalaki na motuya mpona bolimbisi na masumu na moto yango. Libatisi na mai elakisi ete na Liloba na Nzambe eye ezali lokola main a peto, tosengeli na kopetolama na masumu na biso nioso. Mpona kokutana na nguya na Nzambe, moto asengeli naino kosilisa likambo na masumu. Esika na kopetola mbindo na moto na mai, Yesu Atiaki yango na soi na Ye, nde bongo elimbolaki bolimbisi na masumu na moto oyo. Yisaya 59:1-2 elobeli biso ete, "Tala loboko na Yawe Ezali mokuse te ete ezanga kobikisa; litoi na Ye ezali na bozito te ete ezanga koyoka. Kasi mabbe na bino makaboli kati na bino mpe Nzambe na bino; mpe masumu na bino mabombeli bino elongi na Ye ete Ayoka te."

Lolenge Nzambe Alakaka biso na 2 Ntango 7:14 ete, "Soki bato na Ngai, baoyo babiangami na nkombo na Ngai, bakomikitisa mpe bakobondela mpe bakoluka elongi na Ngai mpe bakomibongola nan a nzela mabe na bango, boye Nakoyoka kuna na Likolo, Nakolimbisa masumu na bango mppe nakobikisa mokili na bango." Mpona kozwa eyano epai na Nzambe, bosengelli na komitala na sima kati na bino na bosolo, kopasola mitema na bino, mpe na kotubela.

Na nini tosengeli kotubela liboso na Nzambe?

Yambo, bosengeli kotubela mpona koboya kondimela Nzambe mpe koyamba Yesu Christu. Kati na Yoane 16:9, Yesu Ayebisi biso ete Molimo Mosantu Akopamela baton a mokili na ntina na masumu, mpo ete bato bandimelaka YYe te. Bosengeli kososola ete koboya kondimela Nkolo ezali lisumu, nde bongo kondimela Nkolo mpe Nzambe.

Mibale, soki bolingaka bandeko na bino te, bosengeli na kotubela. 1 Yoane 4 :11 elobeli biso été, 'Balingami soko Nzambe Alingaki biso boye, ekoki mpe na biso été tolingana, moto moninga na ye." Soki ndeko na yo akoyinaka yo, esika mpe yo oyina ye, osengeli na kondima ye mpe na kolimbisa. Bosengeli mpe kolinga bayini na bino, toluka naino lifuti na ye, mpe kokanisa mpe kosala na lolenge eye bokomitia na esika na ye. Na tango boyei na kolinga bato nioso, Nzambe mpe Akolakisa bino mawa, ngolu, mpe mosala na kobikisa.

Misato, soki bobondela mpona lifuti na bino moko, bosengeli kotubela. Nzambe Asepelaka ten a ba oyo bazali kobondela na lolenge na koluka lifuti na bango moko. Akoyanola bino te. Ata na kobanda lelo, bosengeli kobondela kolandana na mokano na Nzambe.

Minei, soki bobondela kasi botiaka tembe, bosengeli kotubela. Yacobo 1:6-7 etangi ete, "Kasi asenga na kondima, abeta tembe te mpo ete ye oyo akobeta tembe azali lokola mbonge na mai kopusama na mopepe mpe kotambolatambola epai na epai. Moto na motindo yango abanza te ete akozua eloko epai na Nkolo." Na lolenge moko, na tango tokobondela, tosengeli kobondela na kondima mpe kosepelisa Ye. Lisusu, lokola Baebele 11 :6 ekanisisi biso été, 'Soko na kondima te, ekoki na kosepelisa Nzambe te,' bwakisa tembe na bino mpe senga kaka na kondima.

Na mitano, soki botosaka mibeko na Nzambe te, bosengeli kotubela. Lolenge Yesu na Yoane 14 :21 elobeli biso été, " Oyo azali na malako na Ngai mpe azali kotosa yango, ye wana azali molingi na Ngai ; molingi na ngai akolingana na Tata na Ngai mpe nakolinga ye mpe Nakomimonisa epai na ye," na tango bolakisi elembo na bolingo na bino mpona Nzambe na kotosaka mibeko na Ye, bokoki kozwa biyano kowuta na Ye. Tango na tango,, bandimi kozwamaka kati na makama na nzela (mituka). Yango ezalaka mpo été ebele kati na bango babatelaki mokolo na Nkolo bulee te to mpe kopesa moko na zomi na bango nioso. Mpo été bamikotisaki kati na moboko na mibeko apesa na Bakristu te, Mibeko Zomi, bakokaki kozala na nse na kobatelama na Nzambe te. Kati na ba oyo batosaki mpenza Mibeko ma Ye, basusu bakotaki kati na makama mpona mbeba na bango moko, kasi ata bongo babatelamaki na Nzambe. Na likambo oyo, bato kati na motuka bwaki likama moko te, ata soki motuka ebebisamaki mpenza, mpo été Nzambe Alingaka bango mpe Atalisi bango elembo na bolingo na Ye.

Lisusu, bato oyo bayebaka Nzambe liboso te nde bazwaka mingi lobiko na mbango sima na koyamba libondeli. Yango ezalaka mpo ete koya na bango kati na egelesia yango moko ezali mosala na kondima, mpe nzambe Asalaka kati na abngo. Lisusu, na tango bato bazali na kondima mpe bayebi solo kasi bazali kokoba na koboya kotosa mibeko na Nzambe mpe bazali kobika kati na Liloba na ye te, yango ekomaka efelo kati na bango mpe Nzambe, nde bongo bango bazali kozwa lobiko te. Tina oyo Nzambe Asalaka makasi kati na ba oyo bandimela ten a tango na ba Croisade Minene na Lisanga ezali ete soki ba oyo bazali kongumbamela bikeko bayoki sango mpe bayei na Croisade, yango moko endimamai lokola kondima na miso na Nzambe.

Motoba, soki bolonaka te, bosengeli na kotubela. Lolenge elobami na Bagalatia 6:7 été, « « Soko moto akobuka nini, akobuka bobele yango, » mpona komona nguya na Nzambe, bosengeli naino koya nokinoki na mayangani. Bokanisa été na tango bolonaka na ba nzoto na bino, bokozwa lipamboli na nzoto malamu, mpe na tango bokoni na nkita na bino, bokozwa mapambola na nkita. Na bongo, soki bolingaki kobuka na kolona te, bosengeli kotubela na yango.

1 Yoane 1:7 etangi ete, "Soko tokotambola kati na Pole lokola Ye moko Azali kati na Pole, tozali na tokozalana na lisanga na biso mpenza, mpe makila ma Yesu Mwana na Ye ekopetola bison a masumu nioso." Lisusu, kokangama makasi na bilaka na Nzambe na 1 Yoane 1:9 ete, "Soko tokoyambola masumu na biso Ye Azali sembo mpe moyengebene mpona kolimbisa masumu na biso mpe kopetola bison a bokesene nioso," Zala sure na kotala sima kati nay o moko, botubela, mpe botambola kati na Pole.

Tika ete bozwa mawa na Nzambe, bozwa biloko nioso bozali kosenga, mpe na nguya na Ye bozwa kaka mapamboli na nzoto malamu te kasi mpe lisusu na makambo nioso mpe oyo na bomoi, na nkombo na Nkolo na biso Yesu Christu Nabondeli!

Liteya 9
Mokano na Nzambe Eye Ekweyaka Te

Dutelonome 26:16-19

*Lelo oyo Yawe Nzambe
nay o Alakeli yo ete osala
mibeko mpe malako oyo. Yango wana okosenjela ete
osala yango na motema nay o
mobimba mpe na molimo nay o mobimba.
Osili koloba lelo oyo
likambo na Yawe ete Ye Azali Nzambe
nay o mpe ete okotambola na nzela na Ye,
mpe ete okosala mibeko na
Ye mpe malako na Ye mpe
monoko na Ye, mpe ete okotosa
mongongo na Ye. Yawe mpe Asili koloba
lelo likambo nay o ete okozala libota
na Ye mpenza, lokola
Ye Atielaki yo ndaka,
mpe ete ekoki nay o kosala
malako na Ye nioso, mpe ete
Akotia yon a likolo, liboso na
mabota nioso masalaki Ye, na
ntina na kosanjola mpe na koyebana
mpe na kokumama,
mpe ete okozala libota na bulee
epai na Yawe Nzambe na yo,
lokola esili Ye koloba*

Soki esengami na bango ete bapona lolenge na bolingo eleki likolo mpenza ebele na bato bakopona bolingo na baboti, mingi mingi bolingo na mama mpona muana na ye moke. Kasi, tomoni kati na Yisaya 49:15 ete, "Mwasi Akoki nde kobosana muana oyo anungi ye naino? Ayoka mawa lisusu te mpona mwana mobali na libumu na ye? Ata ba oyo bakobosana nde Ngai Nakobosana yo te. Bolingo ebele na Nzambe ekesani na bolingo na mama mpona mwana na ye moke.

Nzambe na bolingo Alingi bato nioso bakoma kaka na lobiko te, kasi mpe lisusu basepela bomoi na seko, mapamboli, mpe esengo kati na Lola kitoko. Yango tina azali kosikola ban aba Ye na mimekano mpe komilela mpe alingi kopesa biloko nioso basengaka. Nzambe mpe Akambaka moko na moko na biso mpo ete tobika bomoi epembwama kaka na mokili oyo te, kasi mpe lokola kati na bomoi na seko oyo ezali koya.

Sasaipi, na nzela na nguya mpe na masakoli Nzambe Andima biso kati na bolingo na Ye, tokotala mokano na Nzambe mpona Egelesia Manmin Centrale.

Bolingo na Nzambe Elingi Kobikisa Milimo Nioso

Tomoni oyo elandi kati na 2 Petelo 3:3-4 ete:

"Boyeba mpe oyo liboso ete na mikolo na nsuka baseki bakoya mpe bakoseka, bakotambola pelamoko na ba mposa mabe na bango mpenza, bakoloba ete, 'wapi elaka na Koya na Ye? Pamba te longwa nan tango na nkufa na bankoko, makambo nioso maumeli bobele bongo lokola ezalaki yango na ebandeli na kozalisama.'"

Ezali na ebele na bato oyo bakondima biso te na tango tokolobela bango likolo na suka na ekeke. Lolenge moi ebimaka mpe ekotaka, lokola bato ba botamaka mpe bakufaka, mpe lolenge mayele makoba na kokola, baton a lolenge oyo bakobetaka tolo na koloba ete makambo makokoba nde kokoba.

Lokola ezalaka na ebandeli mpe suka kati na bomoi na moto, soki ezali ebandeli kati na lisituale na bato, ezali mpe solo na suka na yango. Na tango ngoga oyo Nzambe Aponaki ekokoma, makambo nioso kati na univer ekokoma na suka. Bato nioso ba oyo babika longwa na Adamu bakozwa esambiseli. Kolandana na lolenge nini moto abikaka kati na mokili, akokota soko lola to Lifelo.

Na loboko moko, bato ba oyo bandimela Yesu Christu mpe babika na Liloba na Nzambe bakokota na Lola. Na loboko mosusu, bato ba oyo bandimaka tea ta sima na koteyama Sango Malamu, mpe bato babikaka na Liloba na Nzambe te kasi bazali kobika kati na masumu mpe mabe, ata soki bazali kotatola kondima na bango kati na Nkolo, bakokota na lifelo. Yango tina Nzambe Azali na mposa makasi na kopanza Sango Malamu kati na mokili mobimba nokinoki lolenge esengeli, mpo ete ata molimo moko eleki ekoka kozwa lobiko.

Nguya na Nzambe Epanzani na Suka na Ekeke

Tina mpenza na Nzambe kobandisa Egelesia Manmin Centrale mpe kotalisa misala na nguya mpenza efandisami aya. Na nzela na kotalisama na nguya na Ye, Nzambe Alingi kotalisa solo ete Azali solo Nzambe, mpe Azali kongengisa bato likolo na bozali na Lola mpe lifelo. Lolenge Yesu Alobela biso kati na Yoane 4:48 ete, "Soko bino bato bokomona bilembo mpe bikamwiseli te, bokondimaka te," mingi mingi na tango oyo masumu mpe mabe eluti mpe boyebi ekoli, mosala na nguya eye ekoki kokanga makanisi na moto ezali na bosenga mingi koleka. Yango tina, na nsuka na ekeke, Nzambe Azali kopesa discipline na Manmin mpe Azali kopambola yango na nguya kokoba na kokola.

Lisusu na koleka, kokolisama na moto oyo Nzambe Abongisa ezali mpe kopusana na suka na yango. Kino tango na koponama na Nzambe ekoma, nguya ezali eloko na motuya eye ekoki kobikisa bato nioso ba oyo bazali na libaku malamu na kozwa lobiko. Kaka na nguya nde ebele na bato bakoki komemana na kati na lobiko nokinoki na ebele.

Likolo na minyoko mpe pasi kotika te, ezali pasi mingi mpona kopanza Sango Malamu kati na bikolo misusu zingazinga na mokili, mpe ezali na batoo mingi koleka ba oyo naino batikala koyoka Sango Malamu te. Lisusu, ata kati na ba oyo bakotatolaka kondima na bango kati na Nkolo, ebele na bato na kondima na solo ezali likolo mpenza te lolenge bato bakokanisaka. Na Luka 18:8 Yesu Atubi biso ete, "Kasi wana ekoya Mwana na Moto Akokuta solo kondima awa na nse?" Ebele na bato bakendaka na egelesia, kasi bokeseni ezali mpenza te na baton a mokili, bazali kokoba kobika kati na masumu.

Kasi, ata na bikolo mpe ba mboka na mokili esika ezali na minyoko makasi mingi na Bakristu, na tango bato bamoni mosala na nguya na Nzambe, kondima eye ekobangaka kufa te ekobota mpe kopanzana na moto na Sango Malamu ekolanda. Bato oyo bazali kobika kati na masumu na kozanga na kondima na solo bazalii sik'awa na kobongisa na nguya mpona kobika kolandan na Liloba na Nzambe na tango bakutani na mosala na nguya na Nzambe na bomoi.

Kati na ebele na ba mibembo ebele na bapaya, nakoma na ba mboka wapi Sango Malamu epekisama na mbula matari mpe mangomba manyokwamaka. Namona na bikolo lokola Pakistan mpe Emirat na Lisanga na ba Arab, na wi Islam ezali kokola, mboka monene kati na India wapi ba Hindu bazali ebele mingi mpenza, nde na tango Yesu Christu Atatolami mpe bilembo na milimo na bato mambongwani mpe bakomi kati na lobiko. Ata soki bangumbamelaki bikeko, na tango bakutani na nguya na mosala na Nzambe, bato bakoya na kondimela Yesu Christu na bozangi kobanga na ba ramifications legale. Yango ezali kotatola likolo na monene na nguya na Nzambe.

Lolenge moloni abukaka masango na ye na tango na kobuka,

Nzambe Azali kotalisa nguya na Ye na kokamwisa mpo ete Akoka kobuka milimo nioso ba oyo basengeli kozwa lobiko na mikolo na suka.

Bilembo na nsuka na Ekeke Ekomami Kati na Biblia

Ata na Liloba na Nzambe ekomama na kati na Biblia, tokoki koloba tango nini tozali kobika na yango sasaipi ezali penepene na nsuka na ekeke. Ata sooki Nzambe Alobeli biso te mokolo mpenza mpe ntango na suka na ekeke. Apesa na biso likanisi na oyo tokoki koloba likolo na suka na ekeke. Lolenge tokoki kosakola ete mbula ekomi pembeni na tango mapata mapandi kosangana, na nzela na ndenge nini lisituale na bato ekobi na komitalisama, bilembo kati na Bilia apesi biso nzela ete tosakolela mikolo na suka.

Ndakisa, kati na Luka 21 tomoni ete, "Nde soko bokoyoka mpona bitumba, na kotomboka, bang ate, mpo ete ekoki na makambo oyo kokoma liboso, kasi nsuka ekozala liboso te" (et.9), mpe "Mokili ekoningana mingi, mpe na esika na esika malali mabe na nzala ikozala, na makambo na nsomo, na bilembo minene na likolo" (et.11).

Na 2 Timote 3:1-5, totangi oyo elandi ete:

Kasi ososola likambo oyo ete, na mokolo na nsuka, ntango na mpasi ekoya. Pamba te bato bakozala bakozala bamikumisi na bango mpenza, baluki na mosolo, baton a lolendo, baton a ngambo, batuki, bato bazangi kokumisa baboti, bato bazangi matondi, bato bato bazangi bulee, bato bazangi bolingo,, bazango boboto, batongi, batomboki, baton a yauli, bayini na malamu,, bakosi, baton a nko, bato batondi na lolendo, ba oyo bakolingaka malamu na bango mpenza koleka bolingo epai Nzambe, bato bazali na lolenge na kosambela kasi bazali kowangana nguya na yango. Opengwa ndenge yango.

Ezali na ebele na makama mpe bilembo kati na mokili mobimba, mpe motema mpe makanisi na bato ekobi na kokoma mabe koleka lelo. Mposo nioso, Nazwaka eteni na ba sango mpona makambo mpe na makama, mpe monene na ba sango mana makobi na komata mpenza. Yango elakisi ete ezali na ebele na makama, minyoko, mpe kosala mabe miye moizali kosalema na kati na mokili.

Ata bongo, bato bazali lisusu ten a kosimbama mpona makambo yango mpe na makama lolenge bazala na kala. Mpo ete bakoma kokutana na masolo ebele na makambo na lolenge oyo mpe na makama na mikolo na mikolo, bato bazali lisusu kobanga yango te. Mingi kati na bango bazali lisusu kobanga koboma makasi mingi te, bitumba minene, makama na mokili, mpe ba pasi makasi elandaka koboma na makasi boye mpe na makama. Makambo mana mamesana kotondisa ba sango na bitando. Kasi, soki mikoyokama na bango moko te to mpe na ba oyo pembeni na ba oyo bago bayebi te, mpona ebele na bato makambo na lolenge oyo mazali na litomba makasi te mpe kala te ekobosama.

Na nzela na lolenge nini makambo mazali kokende kati na bato, bba oyo bazali balamuka mpe bazali na lisolo malamu na Nzambe bazali komona ete Kozonga na Nkolo ekomi penepene.

Masakoli likolo na Suka na Ekeke mpe Mokano na Nzambe mpona Egelesia Manmin Centrale

Na nzela na masakoli naNzambe miye mitalisama na Manmin, tokoki koloba ete ezali suka na ekeke. Wuta kobanda na Manmin kino lelo, Nzambe Alobela na liboso likolo na resultat na maponami na presidential mpe na parlement, kufa na bato minene bakenda sango kati na Coree mpe na mikili, mpe lisusu ebele na makambo masala lisituale na mokili.

Mbala mingi Natalisa ba sango yango kati makasa na basango na egelesia na lolenge na acronym. Soki sango ezalaki makasi mingi, nazali kaka kolobela yango na bato moke mpenza. Na moke na ba mbula na sima, nasakoli longwa na etumbelo tango na tango bimoniseli mpona Coree na Likolo, America, mpe na makambo makosalema kati na mokili.

Mingi na masakoli makokisama lolenge elobamaka, mpe masakoli maye masengeli kokokisama matali makambo maye mazali kokenda to mpe masili kosalema. Likambo na motuya ezali ete mingi na masakoli matali makambo makoya etali mikolo na suka. Mpo ete kati na bango ezali na mokano na Nzambe mpona Egelesia Manmin Centrale, tokotala moke kati na masakoli mango.

Esakoli na liboso etali koyokana kati na Coree na Likolo mpe Coree na Ngele.

Wuta kobanda, Nzambe Atalisa ebele likolo na Coree na Likolo epai na Manmin. Yango ezali mpo ete tozali na mbela mpona koteya Sango Malamu na Coree na Likolo na mikolo na suka. Na mbula 1983, Nzambe Alobelaki biso likolo na milulu na bakonzi na Coree na Likolo mpe oyo na Ngele mpe oyo ekolanda na sima na yango. Kala te sima na milulu, Coree na likolo esengelaki kofungola bikuke na yango na mokili mpona tango moke kasi bakokanga yango lisusu mpona tango molayi. Nzambe Alobelaka biso ete sima na Coree na likolo akofungola, Sango Malamu na kobulisama mpe nguya na Nzambe ekokota kati na mboka mpe koteya Sango Malmu ekolanda. Nzambe Alobeli biso kokanisa ete Kozonga na Nkolo ekozala mosika te, na tango Coree nioso mibale bakomilobela na ba lolenge moko. Mpo ete Nzambe Alobelaki ngai likolo na sekele na ba Coree mibale bakosala, nakoki naino te kolobela likambo yango.

Lolenge ebele kati na bino, milulu kati na bakambi na ba Coree mibale esalemaka na 200. Bokokaki koyoka ete Coree na likolo, kokita likolo na pression na bikolo, ekofungola bikuke na yango na kala te.

Esakoli na mibale etali etingia mpona mosala na mokili mobimba

Nzambe Abongisa mpona Manmin ebele na ba Croisade na ba mboka na bapaya esika wapi ba zomi na ba nkoto, mikama nan a ba nkoto, mpe ba milio na bato basanganaka, mpe Apambolaki biso mpona koteya nokinoki kati na mokili na nguya na Ye na kokamwisa. Esangisi Croisade na Sango Malamu na Bulee, sango na wapi na Reseau na ba Sango Mondial na Cable (CNN); croisade mpona lobiko na Pakistan, oyo wapi eningisaki mokili na Islam mpe efungolaki nzela mpona mosala na ba missionaire na Moyen Orient; Croisade na Sango Malamu na Bulee na Kenya esika wapi, ebele na ba bokono ata SIDA, ebikisama; Croisade na Lisanga mpona Lobiko na Philippine esika wapi nguya na Nzambe etalisamaki na explosion; Croisade na Lobiko mpona Bikamwa na Honduras, oyo ememaka Mopepe Makasi na Molimo Mosantu; mpe Croisade na Festival na lobiko mpona Bikamwa na Inde, mbka na ba Indu monene koleka na mokili, esika wapi koleka baton a milio misato basanganaki kati na croisade na mikolo minei. Ba croisade wana nioso esalema lokola libanga na kotelemela esika wapi Manmin akokaki kokota na Yisalele, esika na ye na suka.

Na nse na mokano na Ye monene mpona kokolisama na bato, Nzambe Akelaka Adamu na Ewa, mpe sima na bomoi kobanda kati na mokili, bato bakomaka ebele. Kati na ebele na bato, Nzambe Aponaka ekolo moko Yisalele

Ata soki Yesu Christu Akokisa mokano na loniko mpona bato, mpe Apesa nzela na moto nioso oyo angimeli Yesu lokola Mobikisi na ye azwa bomoi na seko. Kasi baponami na Nzambe Bato na Yisalele, batikalaki kososola Yesu lokola Mesia na bango te. Lisusu, ata kino ngonga bana na Ye banetwami kati na mopepe, baton a Yisalele bakososola kaka te mokano na lobiko na nzela na Yesu Christu.

Kati na mikolo na suka, Nzambe Alingi ete baton a Yisalele batubela mpe bandimela Yesu Christu lokola Mobikisi na bango mpo ete bakoka kokoma na lobiko. Yango tina Nzambe Andima Sango Malamu na kobulisama ekota mpe epanzana esika nioso kati na Yisalele na nzela na etingia na motuya oyo Ye Apesaki na Manmin. Sasaipi yango ezali libanga na kotelemela na motuya na Moyen Orient mpona mosala na ba missionaire ebandisama na Avril 2003, kolandana na mokano na Nzambe, Manmin akosala mabongisi esengeli mpona Yisalele mpe akokisa mokano na Nzambe.

Esakolami na misato etali kotongama na Grand Sanctuaire.

Kala te sima na kobandisama na Manmin, lolenge Atalisa Mokano na Ye mpona mikolo na suka, Nzambe Apesa biso etingia mpona botongi na Grand Sanctuaire oyo ekotalisa nkembo na Nzambe epai na bato nioso kati na mokili.

Na tango na Boyokani na Kala, ekokaki kosalema ete lobiko ezwama na misala. Ata soki masumu kati na motema na moto elongolamaki te, kasi nde soki yango esalemaki na libanda te, mooto nioso akokaki kobikisama. Tempelo na ekeke na Boyokani na Kala ezalaki Tempelo wapi bato bazalaki kaka kongumbamela Nzambe kaka na misala, lolenge mobeko ekomaki.

Kasi Kati na ekeke na Boyokani na sika, Yesu Ayaka mpe Akokisaka Mobeko kati na bolingo, mpe na kondima na biso kati na Yesu Christu tozwa lobiko. Tempelo oyo Nzambe Alingaka na Boyokani na Sika ekotongama kaka na misala te kasi mpe na motema. Tempelo oyo esengeli kotongama na bana na Nzambe na solosolo ba oyo balongoli masumu, na motema esantisami mpe bolingo na bangoo mpona Ye. Yango tina Nzambe Andima Tempelo na Boyokani Kala ebukama mpe Azali kolikya mpona Tempelo na Sika na tina na solo na molimo etongama.

Na boye, bato oyo basengeli kotonga Grand Sanctuaire basengeli kozala sembo na miso na Nzambe. Basengeli kozala bana na Nzambe ba oyo mitema na bango mikatami ngenga, na mitema petwa mpe bulee, mpe batondisama na kondima, elikya, mpe bolingo. Na tango Nzambe Akomona Grand Sanctuaire etongami na ban aba Ye Babulisami, Akozwa kopema kaka na lolenge na ndako yango te. Kasi, na Grand Sanctuaire, Akozonga sima na kotanga eteni moko na moko na oyo Grand Sanctuaire etongamaki, mpe Akokanisa moko na moko na bana na Ye na solo ba oyo bazali mbuma na mpinzoli na Ye, komikaba, mpe

kokanga motema.

Grand Sanctuaire ebombi tina na mozindo makasi. Ekosalelama lokola elembo mpona koleka na baton a nse na moi mpe na lolenge moko elembo na bopemi mpona (Kozwa makasi na motema) Nzambe sima na Ye kobuka masangu malamu. Etongami na mikolo na suka mpo ete ezali monument na ndako iye ekotalisa nkembo na Nzambe epaina bato nioso kati na mokili. Na diameter na ba metre 600 (pembeni na 1970 pied) mpe na ba metre ntuku sambo (230 pied) na molayi, Grand Sanctuaire ezali ndako na engambe oyo ekotongama na biloko mikomonanaka mpenza te, ata mabende na motuya mingi, mpe na moko na moko na ba decoration, nkembo na Yelusaleme na Sika, mikolo motoba na kokela, mpe nguya na Nzambe mikofandisama. Na kotala Grand Sanctuaire yango moko ekokoka mpona kokanisisa bato na bokonzi mpe nkembo na Nzambe. Ata ba oyo bandimela te bakokamwa na kotala yango mpe bakondima nkembo na Ye.

Suka, kotongama na Grand Sanctuaire ezali kobongisama na masuwa esika wapi ebele na bato basengeli na kozwa lobiko. Na mikolo na suka na tango masumu mpe mabe maloti, lolenge ezalaki nan tango na Noa, na tango bato oyo bakambamaki na bana na Nzambe, oyo Ye Amoni na kokoka mpe bakoya na kondimela Ye, bakoki kozwa Lobiko. Lisusu na koleka bato bakoyoka sango na nkembo na Nzambe mpe nguya na Ye, mpe bakoya mpe bakomona na bango moko. Na tango bakoya, ebele na bilembo na Nzambe ikotalisama. Bakolakisama mpe ba sekele na mokili na molimo mpe bakozwa mayebi na mokano na Nzambe oyo Azali koluka na kobuka bana na solo ba oyo bakokani na elilingi na Ye moko.

Grand Sanctuaire ekosalelama lokola moboko na etape na suka mpona kopanza sango malamu kati na mokili mobimba liboso na Bozongi na Nkolo na biso. Lisusu, Nzambe Alobela Manmin ete na tango ngonga ekobeta mpona kotongama na Grand Sanctuaire ebanda, Akomema Bakonzi na mboka mpe baton a misolo mingi mpe nguya mpona kosunga kotonga.

Wuta kobanda na yango, Nzambe Atalisa masakoli na mikolo na suka mpe Mokano na Ye mpona Egelesia Manmin Centrale. Ata kino mokolo na lelo, Akobi na kotalisa komatisama na suka te na nguya mpe Azali kokokisa Liloba na Ye. Kati na lisituale na Egelesia, Nzambe Ye moko Atambwisa

Manmin mpona kokokisa mokano na Ye. Lisusu, kino mokolo Nkolo Akozonga, Akokamba biso mpona kokokisa misala nioso Apesa na biso mpe kotalisa nkembo na Nkolo kati na mokili mobimba.

Kati na Yoane 14:11, Yesu Alobeli biso ete, "Bondima Ngai ete Nazali kati na Tata, mpe Tata kati na Ngai; Soko bongo te bondima mpona misala." Kati na Dutelonome 18:22, tomoni ete, "Wana ekoloba mosakoli na nkombo na Yawe, soki liloba yango ebimi boye te, mpe ekomi solo te, yango ezali liloba oyo Yawe Alobaki te, mbe mosakoli alobi na ngambó, okoki kobanga ye te." Nakolikya ete bokososola mokano na Nzambe na nzela na nguya mpe masakoli mitalisamaka mpe mimonisamaka na Egelesia Manmin Centrale.

Na kokokisa mokano na Ye na nzela na Egelesia Manmin Centrale na mikolo na suka, Nzambe Apesa bolamuki mpe nguya na egelesia oyo na mokolo moko te. Akembisa biso koleka ba mbula ntuku mibale. Lokola komata ngomga molai mpe makasi mpe konana kati na ba mbonge milai kati na mai monana makasi, mbala na mbala Amema biso kati na mimekano mpe, na nzela na bato oyo baleka mimekano mana na kondima na bango na mpiko, Abongisa eluku oyo ekokaki kokokisa misala na mokili mobimba.

Yango mpe mpona moko na moko na bino lokola. Kondima na oyo moto akoki kokota Yelusaleme na Sika ekokomela to mpe ekokola na mokolo moko te; bosengeli na tango nioso kobongama mpe kolamuka mpona mokolo oyo Nkolo Akozonga. Likolo na nioso, bobuka bifelo nioso na masumu, mpe na kondima embongwanaka te mpe na na makasi, bopota na nzella na Lola. Na tango bokokende liboso na mpiko na lolenge eye, na tembe te Nzambe Akopambola molema na bino mpo ete ebika malamu mpe Akoyanola bosenga na motema na bino. Lisusu, Nzambe Akopesa na bino makoki na molimo mpe mpifo na wapi bokoki kosalelama lokola eluku na Ye na motuya mpona mokano na Ye na mikolo na suka.

Tika ete moko na moko kati na bino ayika mpiko kati na kondima na bino na moto kino tango Nkolo Akozonga mpe botutana lisusu kati na lola na seko mpe mboka na Yelusaleme na Sika, na nkombo na Nkolo Yesu Christu Nabondeli!

Mokomi
Dr. Jaerock Lee

Dr Lee abotama na Muan Province na Jeonnam, Republique na Coree, na 1943. Na tango azalaka na ba ntuku mibale ma ye, Dr. Lee anyokwama na ba bokono kilikili mpona b ambula sambo mpe azalaka kaka kozela kufa na elikya moko te na kozongela nzoto malamu. Kasi mokolo moko kati na tango moi elingaka kokoma makasi mingi na 1974, akambamaki na egelesia epai na kulutu na ye ya muasi mpe na tango afukamaki mpona kobondela, Nzambe na bomoi Abikisaki ye na mbala moko na ba malali ma ye nioso.

Wuta mokolo Dr. Lee akutanaki na Nzambe na bomoi na nzela na likambo wana na kokamwisa, Dr. Lee alinga Nzambe na motema na ye mobimba kati na bosolo, mpe na mbula 1978 abiagamaki mpona kokoma mosali na Nzambe. Abondelaka makasi mingi na kokila mingi na bilei mpo ete akoka kososola malamu mingi mokano na Nzambe, akokisa yango na mobimba mpe atosa Liloba na Nzambe. Na 1982, abandisaka Manmin egelesia Central na Seoul, Korea na ngele, mpe misala mingi na Nzambe, ata, bikamwa na lobiko, bilembo mpe bikamwiseli, mibanda kati na lingomba na ye.

Na 1986, Dr. Lee azalaki ordonner lokola Pasteur na Mayangani na Mbula na Yesu Egelesia Sungkyul na Coree, mpe sima mbula minei na 1990, mateya ma ye mabanda kotalisama na Australie, Rusia, mpe ba Philippines. Kaka sima na tango moke ba mboka ebele koleka mikomaki mpe kolanda o nzela na Companie na telediffusion na asia na moi kobima, Stion na telediffusion na Asia, mpe Systeme Radio na Bakristu na Washington.

Sima na mbula misato, na 1993, Egelesia Central Manmin eponamaki lokola moko na "Mangomba 50 na Mokili" na magazine na Mokili na Bakristu mpe azwaka Doctora Honorius na Bonzambe na College na Kondima na Bakristu, na Floride, America, mpe na 1996 azwaka Ph.D. na Mosala na Nzambe na Kingsway Seminaire ya Theologique, na Iowa, America.

Wuta 1993, Dr. Lee abanza kopanza sango malamu na mokili na nzela na ba croisade na bapaya na Tanzanie, Argentine, L.A., Baltimore City, Hawai, mpe na New York na America, Uganda, Japon, Pakistan, Kenya, Philippine, Honduras, Inde, Russie, Allemagne, Peru, Republique Democratique ya Congo, mpe Yisalele. Na 2002 andimamaka lokola "molamusi na mokili mobimba" mpona mosala na ye na nguya na ba croisade ebele na bikolo na bapaya na ba Makasa minene na ba Sango na Bakristu na Coree.

Na Septembre 2010, Egelesia Manmin Centrale ezali na Lingomba na bato likolo na 100,000. Ezali na ba branche na ba egelesia 9,000 awa mpe na mokili mobimba

Na mokolo na kobimisama na buku oyo, Dr. Lee Akoma ba buku 60, ata babuku chef d'oeuvres Meka bomoi na seko liboso na kufa, Bomoi na Ngai Bondimi na Ngai I & II, Sango na Ekulusu, Bitape kati na Kondima. Lola I & II, Mpe Nguya na Nzambe.Misala ma Ye mimbogwanisama na minoko eleki 44.

Ba kolone na ye na Bokristu mibimaka na, Haankook Ilbo, Hebdomadaire Joong Ang, Chosun Ilbo, Dong-A Ilbo, Munhwa Ilbo, Seoul Shinmun, Kyughyang shinmun, Hebdomadaire economique na Coree, Herald Coreen, Ba Sango Shisa, mpe presse Chretienne.

Sasaipi Dr. Lee azali mokambi na ba organization missionaire ebele mpe na masanga. Ebonga na ye ezali: President, Lisanga na ba egelesia na Yesu Christu na kobulisama; President, Manmin Mission na Mokili mobimba. Na Lelo President, BoKristu na mokili mobimba na Mission na Association na Bolamuki; Fondateur & President na conseil na Administration, Reseau Mondiale na ba Minganga Bakristu (WCDN ; mpe mobandisi & President na conseil d'administration, Seminaire Internationale Manmin (MIS).

www.ingramcontent.com/pod-product-compliance
Lightning Source LLC
LaVergne TN
LVHW021813060526
838201LV00058B/3358